KISAH CINTA BROKOLI EPIK

Terokai Percintaan Yang Menyayat Hati Antara Bunga Brokoli dan Pengembaraan Kuliner melalui 100 Resipi Brokoli yang Lazat

Jane Sharum

ISI KANDUNGAN

PENGENALAN

Selamat datang ke alam semesta yang menawan dan beraroma Kisah Cinta Brokoli Epik, tempat yang biasa ditinggalkan, dan pengembaraan masakan yang luar biasa berlaku. Dalam penerokaan unik ini, kami menjemput anda untuk menyaksikan percintaan yang mengharukan yang mekar di antara kuntum brokoli dan pelbagai eksploitasi masakan yang menarik. Buku masakan ini bukan sekadar koleksi resipi; ia adalah satu pujian kepada fleksibiliti dan daya tarikan brokoli, sayur-sayuran yang sering mengambil tempat duduk belakang tetapi, dalam halaman ini, mendakwa tempat yang sesuai untuk menjadi tumpuan.

Dalam perbendaharaan masakan ini, mulakan perjalanan gastronomi di mana brokoli mengatasi peranannya yang biasa dan menjadi bintang pertunjukan dalam 100 resipi yang lazat. Daripada keselesaan hidangan klasik yang biasa kepada ciptaan yang inovatif dan tidak dijangka, setiap resipi menceritakan kisah—kisah kimia masakan yang terungkap apabila brokoli yang rendah hati bertemu dengan seni memasak yang mahir.

Bayangkan brokoli, dengan warna hijau terang dan bunga yang tersendiri, menjadi tumpuan sebagai protagonis kisah yang terungkap dalam alam periuk, kuali dan ketuhar. Bayangkan dapur berubah menjadi peringkat di mana setiap mendesis, mereneh dan kacau mengisahkan bab unik dalam kisah cinta epik ini. Sambil anda menyelami pengembaraan gastronomi ini, bersiaplah untuk terpikat bukan sahaja oleh pesona brokoli yang tidak dapat dilawan tetapi juga dengan kehebatan pemakanannya, yang dimanfaatkan secara pakar untuk mencipta hidangan yang mengatasi hidangan biasa.

Setiap resipi, diolah dengan teliti, menjadi satu bab dalam kisah cinta brokoli—sebuah pujian kepada serba boleh dan detik-detik ajaib yang dibawakannya ke meja. Jadi, biarkan aroma brokoli tumis dan desis bunga panggang menjadi runut bunyi kepada penerokaan masakan anda. Sertai kami dalam perayaan percintaan yang tidak mungkin tetapi menggembirakan ini, di mana brokoli yang kelihatan sederhana muncul sebagai wira, dan dapur anda menjadi peringkat yang mempesonakan untuk kisah cinta yang ditulis dalam rasa, kesihatan dan kebahagiaan masakan.

Dalam simfoni kuali yang mendesis dan rempah ratus, mari raikan perjalanan kulinari di mana brokoli menjadi tumpuan utama dan mengubah kitchen anda menjadi syurga pengembaraan epikurean. Tahniah kepada "Kisah Cinta Brokoli Epik"—semoga ia memberi inspirasi kepada banyak kisah menarik dalam naratif masakan anda sendiri. Selamat memasak!

SARAPAN PAGI

1. Brokoli dan Feta Quiche

BAHAN-BAHAN:

- 1 kerak pai yang telah dibuat
- 3 biji telur besar
- 1 cawan kuntum brokoli kukus, dicincang
- ½ cawan keju feta hancur
- ½ cawan susu
- Garam dan lada sulah secukup rasa

ARAHAN:

a) Panaskan ketuhar anda kepada 375°F (190°C).
b) Letakkan kerak pai dalam hidangan pai.
c) Dalam mangkuk, pukul telur, susu, garam dan lada sulah bersama-sama.
d) Sapukan brokoli yang dicincang secara rata di atas kulit pai.
e) Taburkan keju feta yang telah hancur di atas brokoli.
f) Tuang adunan telur ke atas inti.
g) Bakar dalam ketuhar yang telah dipanaskan selama 30-35 minit atau sehingga quiche ditetapkan dan berwarna perang.
h) Keluarkan dari ketuhar, biarkan ia sejuk selama beberapa minit, kemudian potong dan hidangkan.

2.Tauhu dan Brokoli Quiche

BAHAN-BAHAN:

- 2 sudu besar Minyak Kelapa
- 1 bawang, dicincang
- 1 ulas bawang putih, dikisar
- 2 cawan brokoli segar, dicincang
- 1 kerak pai
- 1 cawan tauhu sutera
- ½ cawan berasaskan tumbuhan Susu Ganja
- Garam dan lada sulah secukup rasa

ARAHAN:

a) Panaskan ketuhar hingga 350 darjah Fahrenheit.
b) Panaskan minyak kelapa dalam periuk .
c) Masukkan brokoli, bawang besar dan bawang putih.
d) Kacau sayur sekali-sekala hingga empuk.
e) Masukkan tauhu yang telah dikeringkan dan Susu Berasaskan Tumbuhan Ganja dalam pemproses makanan dan nadi
f) Sudukan sayur-sayuran yang telah dimasak dan adunan tauhu CannaMilk ke dalam kerak pai yang belum dibakar .
g) Bakar selama 30 minit .

3.Tuna dan Brokoli Quiche

BAHAN-BAHAN:

- 1 cangkerang pastri hidangan dalam 9 inci, belum dibakar
- 1 ½ cawan susu rendah lemak
- 3 biji telur lebih besar
- ⅓ cawan bawang hijau, dicincang
- 1 sudu besar Pimiento, dicincang dan toskan
- 1 sudu teh basil kering, dihancurkan
- ½ sudu teh Garam
- 6 ½ auns Tuna, toskan dan dikelupas
- ½ cawan keju cheddar rendah lemak, dicincang
- 8 brokoli Spears (kira-kira 4 inci setiap satu)

ARAHAN:

a) Panaskan ketuhar anda hingga 450°F (230°C). Bakar kulit pastri selama 5 minit, kemudian keluarkan dari ketuhar dan letakkan di atas rak penyejuk untuk menyejukkan. Kurangkan suhu ketuhar kepada 325°F (165°C).

b) Untuk pengisian, dalam mangkuk, pukul bersama susu rendah lemak dan telur yang lebih besar.

c) Masukkan bawang hijau yang dicincang, pimiento yang dicincang dan ditoskan, basil kering yang dihancurkan, dan garam.

d) Masukkan tuna yang telah dikeringkan dan dikelupas perlahan-lahan dan keju cheddar rendah lemak yang dicincang.

e) Tuangkan inti yang telah disediakan ke dalam kulit pastri yang telah dibakar.

f) Bakar quiche pada suhu 325°F (165°C) selama 30 minit.

g) Semasa quiche dibakar, kukus lembing brokoli dalam periuk di atas air mendidih selama kira-kira 5 minit. Toskan brokoli dan ketepikan.

h) Selepas 30 minit, susun lembing brokoli dalam corak bercakap-fesyen di atas quiche.

i) Teruskan membakar selama 25-35 minit tambahan, atau sehingga pisau yang dimasukkan 2 inci dari tengah keluar bersih.

j) Biarkan quiche berdiri selama 5 minit sebelum memotongnya menjadi 8 hirisan, dengan setiap baji mempunyai lembing brokoli di tengah.

k) Nikmati Tuna dan Brokoli Quiche anda!

4.Muffin Telur Brokoli

BAHAN-BAHAN:

- 18 biji telur atau setara dengan putih telur, dipukul
- Bekas 6 auns yogurt biasa atau ¾ cawan susu
- 1 sudu teh sage kering
- 1 sudu teh garam laut
- ½ sudu teh lada
- 1 cawan brokoli, dicincang halus
- ½ cawan kembang kol, dicincang halus
- ½ cawan lobak merah, dikupas dan dicincang halus
- 1 hingga 2 cawan keju Cheddar yang dicincang
- Hiasan: krim masam, salsa, catsup atau sos sriracha

ARAHAN:

a) Satukan semua bahan kecuali hiasan dalam mangkuk besar; pukul sehingga sebati.

b) Tuangkan ke dalam 20 cawan muffin yang tidak digris, isi ⅔ penuh. Bakar pada suhu 375 darjah selama kira-kira 20 hingga 25 minit, sehingga telur ditetapkan dan keemasan.

c) Hiaskan seperti yang dikehendaki. Untuk membekukan, biarkan muffin sejuk sepenuhnya.

d) Simpan dalam beg plastik beku atau bekas sehingga 3 bulan. Panaskan semula dalam ketuhar gelombang mikro atau ketuhar.

5.Murahan Tuna Crêpe s

BAHAN-BAHAN:

- 4 Crêpes
- ½ cawan saderi cincang
- ¼ cawan bawang cincang
- 7 ¾ -o auns tin tuna, toskan
- 2 cawan brokoli beku, potong
- 2 cawan keju Cheddar yang dicincang

ARAHAN:

a) Letakkan brokoli dalam 1½ qt. kaserol selamat gelombang mikro.
b) Tutup dan ketuhar gelombang mikro seperti yang diarahkan , toskan
c) Kacau dalam 1 ½ cawan keju dan bahan-bahan yang tinggal. Ketuhar gelombang mikro ditutup dengan tinggi selama 1 minit.
d) Sudukan ke atas Crêpe s , dan gulung.
e) Susun dalam pinggan gelombang mikro segi empat sama, 8 x 8 x 2" , dan taburkan dengan baki keju.
f) Tutup longgar dengan bungkus plastik dan ketuhar gelombang mikro sehingga keju cair, 2 hingga 3 minit .

6.Ayam, Brokoli, dan Quiche Keju

BAHAN-BAHAN:

- 1 kerak pai tunggal
- 1 bawang sederhana, dicincang
- 4 auns ayam, potong dadu
- 1 cawan brokoli, dicincang
- 1 ½ cawan keju Havarti atau Swiss yang dicincang (atau lebih, secukup rasa)
- 4 biji telur
- 1 cawan susu
- 1 sudu besar tepung
- ½ sudu teh buah pala
- 1 sudu sos Tabasco
- Garam dan lada sulah secukup rasa

ARAHAN:

a) Mulakan dengan menumis bawang besar yang dicincang dan ayam potong dadu dalam sedikit mentega atau minyak sehingga ayam masak sepenuhnya.

b) Ini akan mengambil masa kira-kira 6 minit, bergantung pada saiz kepingan ayam anda.

c) Dalam mangkuk yang berasingan, pukul bersama telur dan susu. Masukkan tepung dan taburkan secara bebas dalam buah pala, yang merupakan perisa utama dalam hidangan ini. Kacau dalam secubit sos Tabasco, brokoli cincang, dan keju yang dicincang. Perasakan dengan garam dan lada sulah secukup rasa.

d) Lapik pinggan pai atau hidangan quiche dengan kerak pai. Bakar pada 450°F selama kira-kira 4 minit, sehingga ia mula berwarna perang. Berhati-hati untuk mengelakkan kerak daripada menggelegak dengan sama ada menusuknya sebelum membakar atau melapiknya dengan kerajang timah selama beberapa minit pertama untuk membantu mengekalkan bentuknya. Kurangkan suhu ketuhar kepada 325°F.

e) Semasa kerak masih panas, susun bunga brokoli dalam hidangan dan tuangkan adunan telur secara rata ke atas.

f) Teruskan membakar pada 325°F selama 45-50 minit, atau sehingga quiche mempunyai kerak emas yang cantik dan pisau yang dimasukkan berhampiran bahagian tengah keluar bersih.

g) Biarkan quiche berdiri selama 10 minit sebelum dihidangkan. Nikmati Ayam, Brokoli dan Quiche Keju anda yang lazat!

7.Telur Dadar Sayuran dengan Brokoli Mikrohijau

BAHAN-BAHAN:

- 3 biji telur, dipukul
- 1 lobak merah, potong batang mancis
- 3 daun bawang, dihiris serong
- 1 genggam mikrohijau brokoli
- Sedikit lebihan ayam belanda yang dimasak
- Minyak safflower
- garam natrium rendah

ARAHAN:

a) Panaskan minyak dalam kuali atau kuali besi tuang dengan api sederhana, sehingga cukup panas untuk mengeluarkan setitik air.

b) Masukkan brokoli mikrohijau dan lobak merah, dan tumis selama 2 minit .

c) Masukkan ayam belanda yang telah dimasak, dan kacau goreng selama 1 minit sehingga dipanaskan .

d) Masukkan daun bawang dan telur, dan kacau.

e) Perasakan dengan garam .

8.Sarapan Quiche dengan Brokoli dan Ham

BAHAN-BAHAN:

- 3 sudu besar air
- 8 biji telur
- 1 sudu teh garam laut
- 1 sudu kecil lada hitam
- 2 cawan brokoli dicincang kecil
- 2 cawan bawang merah
- 2 cawan ham
- 1 sudu teh minyak kelapa

ARAHAN:

a) Bakar hidangan pai selama 5 minit pada 350 darjah Fahrenheit.

b) Kukus brokoli sedikit selama beberapa minit, sepatutnya bertukar menjadi hijau terang. Mengetepikan.

c) Tumis bawang merah cincang dan ham cincang dalam minyak kelapa. Jika ham berlemak skip minyak kelapa, lemak akan menjadi dan cukup.

d) Masukkan sayur-sayuran ke kerak pai yang dibakar ringan.

e) Kemudian pukul telur dan air dan masukkan ke atas sayur. Air membantu menjadikan telur gebu, begitu juga baking soda.

f) Bakar selama 25-30 minit atau sehingga kepekatan yang diingini.

9.Souffle brokoli

BAHAN-BAHAN:

- Dua pek 10 auns brokoli Beku
- 3 biji telur
- Garam dan lada sulah secukup rasa
- 1 sudu besar campuran sup Bawang
- ½ cawan Mayonis
- Minyakkan kuali
- 2 sudu makan Matzah, dibahagikan

ARAHAN:

a) Masak brokoli mengikut bungkusan arahan. Toskan dengan teliti.

b) Mengetepikan. Dalam mangkuk adunan, pukul telur dengan baik dengan garam, lada sulah, dan campuran sup bawang; keldai mayonis dan teruskan pukul sehingga sebati.

c) Masukkan brokoli yang telah dimasak.

d) Griskan loyang bersaiz 7 x11½".

e) Habuk sedikit dengan 1 sudu makan matzah.

f) Tuangkan brokoli ke dalam kuali dan taburkan bahagian atas dengan baki hidangan matzah.

g) Bakar pada suhu 350 selama 40-50 minit, atau sehingga bahagian atas berwarna keemasan.

10.Skon Keju dan Brokoli

BAHAN-BAHAN:

- 125g brokoli
- 250g tepung biasa
- 2 sudu teh serbuk penaik
- 70g mentega tanpa garam, sejuk, potong kiub
- 125g cheddar, parut halus
- 100ml susu penuh, ditambah sedikit tambahan untuk kaca
- 1 biji telur besar, dipukul

ARAHAN:

a) Panaskan ketuhar hingga 180°C.

b) Dengan menggunakan parut kotak, parut brokoli secara kasar, pastikan anda menggunakan kuntum bunga dan bukan tangkainya.

c) Ayak tepung dan serbuk penaik ke dalam mangkuk adunan. Masukkan kiub mentega sejuk dan gosokkannya dengan hujung jari anda sehingga adunan menyerupai serbuk roti. Campurkan brokoli parut dan keju cheddar.

d) Masukkan susu dan telur, dan campurkan dengan pisau. Apabila adunan mula sebati, gunakan tangan anda untuk membawa doh menjadi satu ketul. Jika adunan kelihatan terlalu kering, tambahkan percikan susu. Jika ia sedikit melekit, masukkan satu sudu tepung tambahan. Untuk scone yang ringan dan lapang, elakkan daripada terlalu mengendalikan campuran.

e) Taburkan permukaan kerja dengan sedikit tepung dan canai doh setebal kira-kira 2cm. Bahagikannya kepada sepuluh bahagian yang sama dan bentukkannya menjadi bulat jika anda suka.

f) Letakkan scone di atas dulang pembakar dan sapunya dengan sedikit susu untuk salut. Bakar dalam ketuhar selama 16-18 minit, atau sehingga ia naik dan bertukar menjadi coklat keemasan. Skon ini boleh disimpan selama 2-3 hari dalam bekas kedap udara. Nikmati!

11.Brokoli Hash Coklat Hancur

BAHAN-BAHAN:

- 350g b beras roccoli
- ½ cawan (60g) keju cheddar parut
- 1 biji telur besar (51g)
- 2 sudu besar. (16g) tepung badam

ARAHAN:

a) Ambil 350g beras brokoli beku, cairkan dan perah sebanyak mungkin cecair daripadanya. Keringkan dengan kertas penyerap.

b) Dalam mangkuk, campurkan bersama nasi brokoli, ½ cawan (60g) keju cheddar parut, 1 telur besar (51g) dan 2 sudu besar. (16g) tepung badam. musim.

c) Alas bakul penggoreng udara dengan kertas pembakar. Letakkan 6 pusingan yang sama dalam bakul penggoreng udara dan tekan perlahan-lahan untuk menggemukkan. Masak pada suhu 200ºC, selama 5 minit. Balikkan dan masak selama 4 minit lagi. ulang.

KUDAPAN DAN PEMBUAT PEMAPIS

12. Pembuka selera Cheddar dan Brokoli

BAHAN-BAHAN:

- 8 auns Jagung isirong keseluruhan; dikeringkan
- ¼ cawan bawang besar; dicincang
- ½ cawan kenari; dicincang kasar
- ½ cawan susu
- ¼ cawan Mentega; cair
- 2 biji telur
- ½ cawan Bisquick
- ¼ sudu teh garam bawang putih
- 1 cawan Keju Cheddar; dicincang
- 10 auns brokoli cincang beku

ARAHAN:

a) Panaskan ketuhar hingga 375. Griskan loyang 9x9x2".
b) Campurkan brokoli, jagung, bawang, dan walnut. Letak dalam kuali.
c) Pukul susu, mentega, telur, Bisquick, dan garam bawang putih sehingga sebati, 15 saat. Dalam pengisar di atas, hentikan pengisar dengan kerap untuk mengikis bahagian tepi jika perlu, atau selama 1 minit. dengan pengadun elektrik di atas. Tuang rata ke dalam kuali.
d) Bakar sehingga pisau yang dimasukkan ke tengah keluar bersih, 23-25 minit.; taburkan dengan keju.
e) Bakar sehingga keju cair, 2-3 minit lebih lama. sejuk 30 minit. Potong segi tiga atau segi empat sama. Membuat 30 pembuka selera.

13.Brokoli Sepanyol & Kroket Keju

BAHAN-BAHAN:

- 2 sudu besar minyak zaitun dara tambahan 30 ml
- 2 biji bawang merah
- 3 ulas bawang putih
- 2 cawan brokoli dicincang halus 180 gram
- 2 cawan keju Manchego yang dicincang 225 gram
- 2 sudu besar tepung serba guna 15 gram
- 1 cawan susu 240 ml
- ¼ cawan tepung serba guna 30 gram
- 2 biji telur
- 1 cawan serbuk roti 120 gram
- ½ cawan minyak bunga matahari 125 ml
- secubit garam laut
- parut lada hitam

ARAHAN:

a) Panaskan kuali besar dengan api sederhana dan masukkan 2 sudu besar minyak zaitun dara tambahan, selepas 2 minit masukkan 2 biji bawang merah yang dicincang halus dan 3 ulas bawang putih dicincang halus, gaul dengan minyak zaitun, selepas 1 minit masukkan 2 cawan brokoli yang dicincang halus. dan terus sebati

b) Selepas 3 minit dan sayur tumis sedikit, masukkan 2 sudu besar tepung serba guna, terus gaul dan masak selama 2 minit, kemudian masukkan perlahan-lahan 1 cawan susu sambil digaul, setelah semua susu telah dimasukkan dan anda akan mendapat pes, tutup api.

c) Masukkan 2 cawan keju Manchego yang dicincang dan perasakan dengan garam laut & lada hitam, gaul sehingga anda membentuk pes pekat, pindahkan adunan ke dalam mangkuk cetek, tutup dengan bungkus saran, dan sejukkan, kemudian masukkan ke dalam peti sejuk selama 30 minit

d) Sementara itu, masukkan ¼ cawan tepung serba guna ke dalam mangkuk, pecahkan 2 biji telur ke dalam mangkuk yang berasingan, dan pukul bersama, masukkan 1 cawan serbuk roti ke dalam mangkuk ketiga, perasakan dengan garam laut & lada hitam, dan gaul

e) Selepas menyejukkan campuran di dalam peti sejuk selama 30 minit, ia harus cukup padat untuk mula membentuk kroket.

f) Panaskan kuali besar dengan api sederhana dan masukkan ½ cawan minyak bunga matahari

g) Taburkan tangan anda dengan tepung, gunakan sudu ambil sedikit adunan dan bentukkan menjadi telur besar, kemudian masukkan ke dalam tepung, basuh telur dan akhir sekali ke dalam serbuk roti, lakukan sehingga semua kroket terbentuk.

h) Selepas memanaskan minyak selama 10 minit, mula masukkan kroket ke dalam kuali, semua dalam satu lapisan, masak dalam kelompok, masak selama 1 ½ hingga 2 minit setiap sisi, kemudian pindahkan ke dalam pinggan dengan tuala kertas, hidangkan sekaligus, nikmati !

14.Brokoli Goreng Tempura

BAHAN-BAHAN:

- 1 kepala brokoli, potong bunga
- Minyak sayuran, untuk menggoreng
- 1 cawan tepung serba guna
- ¼ cawan tepung jagung
- ½ sudu teh garam
- 1 cawan air sejuk ais
- Sos pencicah pilihan anda (cth, kicap, sos ponzu, atau sos cili manis)

ARAHAN:

a) Panaskan minyak sayuran dalam penggoreng dalam atau periuk besar hingga sekitar 350°F (175°C).

b) Dalam mangkuk adunan, satukan tepung serba guna, tepung jagung dan garam. Masukkan air ais sejuk secara beransur-ansur, kacau perlahan-lahan, sehingga anda mencapai konsistensi adunan yang licin. Berhati-hati untuk tidak terlalu bercampur; tidak mengapa jika ada sedikit ketulan.

c) Celupkan setiap kuntum brokoli ke dalam adunan tempura, pastikan ia bersalut sama rata. Biarkan lebihan adunan menitis sebelum meletakkan bunga ke dalam minyak panas dengan berhati-hati.

d) Goreng bunga brokoli secara berkelompok, pastikan penggorengan atau periuk tidak terlalu sesak. Masak selama kira-kira 2-3 minit atau sehingga adunan tempura bertukar keemasan dan garing. Keluarkan mereka dari minyak menggunakan sudu atau penyepit berlubang dan pindahkannya ke pinggan yang dialas dengan tuala kertas untuk menyerap sebarang minyak yang berlebihan.

e) Ulangi proses dengan baki bunga brokoli sehingga semua masak.

f) Hidangkan brokoli goreng tempura panas-panas dengan sos pencicah pilihan anda. Anda boleh menikmatinya sebagai snek atau menyajikannya sebagai ulam dengan hidangan utama.

15.Kincir Ayam & Brokoli

BAHAN-BAHAN:

- 2 cawan ayam; masak & kiub
- 2 cawan keju Monterey Jack, dicincang
- 1 tin sos keju; atau sos alfredo; 10oz
- 1 pek Green Giant Frozen Brokoli, potong kecil
- 8 Tortilla tepung; 8 inci
- Paprika

ARAHAN:

a) Panaskan ketuhar kepada 350øF. Sembur hidangan pembakar 13x9 inci (3 liter) dengan semburan masak nonstick.

b) Dalam mangkuk besar, gabungkan ayam, 1 cawan keju, sos keju, dan brokoli; gaul sebati.

c) Sudukan ½ cawan bahagian campuran ayam ke atas tortilla; gulung, sertakan inti. Letakkan dalam loyang bersalut semburan. Tutup dengan kerajang.

d) Bakar pada 350øF selama kira-kira 25 hingga 30 minit atau sehingga dipanaskan dengan sempurna.

e) Keluarkan kerajang; taburkan dengan baki keju. Bakar tambahan 2 hingga 5 minit untuk mencairkan keju. Taburkan dengan paprika.

16.Gigitan Quinoa Brokoli Murahan

BAHAN-BAHAN:

- 2 cawan quinoa masak
- 1 cawan brokoli kukus, dicincang halus
- 1 cawan keju cheddar yang dicincang
- 2 biji telur besar
- ¼ cawan serbuk roti
- ¼ sudu teh serbuk bawang putih
- Garam dan lada sulah secukup rasa

ARAHAN:

a) Panaskan ketuhar anda kepada 375°F (190°C) dan alaskan loyang dengan kertas parchment.

b) Dalam mangkuk besar, satukan quinoa yang dimasak, brokoli kukus cincang, keju cheddar yang dicincang, telur, serbuk roti, serbuk bawang putih, garam dan lada sulah.

c) Gaul rata sehingga semua bahan sebati.

d) Bentuk adunan menjadi bebola bersaiz gigitan atau patties dan letakkan di atas loyang yang disediakan.

e) Bakar selama 20-25 minit, atau sehingga gigitan berwarna perang keemasan dan padat.

f) Biarkan quinoa brokoli murahan yang digigit sejuk sebelum memasukkannya ke dalam kotak makan tengah hari.

17. Brokoli dan Cendawan Sumbat Keju

BAHAN-BAHAN:

- 12 cendawan besar, dibersihkan dan dibuang batangnya
- 1 cawan brokoli, dicincang halus
- 1/2 cawan keju mozzarella yang dicincang
- 1/4 cawan parut keju Parmesan
- 2 ulas bawang putih, dikisar
- 2 sudu besar minyak zaitun
- Garam dan lada sulah secukup rasa

ARAHAN:

a) Panaskan ketuhar hingga 375°F (190°C).

b) Dalam kuali, tumis brokoli dan bawang putih dalam minyak zaitun sehingga lembut. Perasakan dengan garam dan lada sulah.

c) Dalam mangkuk, campurkan brokoli tumis dengan mozzarella dan keju Parmesan.

d) Sumbat setiap penutup cendawan dengan campuran brokoli dan keju.

e) Letakkan cendawan yang disumbat di atas loyang dan bakar selama 20 minit atau sehingga cendawan masak.

18.Brokoli Quesadillas

BAHAN-BAHAN:

- 2 tortilla tepung besar
- 1 cawan brokoli yang dimasak dan dicincang
- 1 cawan keju cheddar yang dicincang
- 1/2 cawan lada benggala merah dipotong dadu
- 1/4 cawan bawang hijau dicincang
- 1 sudu kecil jintan manis
- Garam dan lada sulah secukup rasa
- Minyak zaitun untuk memasak

ARAHAN:

a) Dalam mangkuk, satukan brokoli cincang, keju cheddar, lada benggala merah, bawang hijau, jintan putih, garam dan lada.
b) Letakkan tortilla dalam kuali yang dipanaskan, tambah separuh daripada campuran brokoli pada satu sisi, dan lipat bahagian yang lain.
c) Masak kedua-dua belah sehingga tortilla garing dan keju cair.
d) Ulangi dengan tortilla kedua.
e) Potong menjadi kepingan dan hidangkan dengan salsa atau guacamole.

19. Brokoli dan Feta Sumbat Phyllo Triangles

BAHAN S:

- 1 cawan brokoli yang dimasak dan dicincang
- 1/2 cawan keju feta hancur
- 1/4 cawan bawang merah yang dihiris
- 1/4 cawan pasli segar yang dicincang
- 8 helai adunan phyllo
- 1/4 cawan mentega cair
- Garam dan lada sulah secukup rasa

ARAHAN:

a) Panaskan ketuhar hingga 350°F (175°C).
b) Dalam mangkuk, campurkan brokoli cincang, keju feta, bawang merah, pasli, garam dan lada sulah.
c) Letakkan satu helai doh phyllo, sapu dengan mentega cair, dan letakkan satu lagi helaian di atas.
d) Potong kepingan berlapis menjadi empat segi, letakkan satu sudu campuran brokoli di tengah, dan lipat menjadi segi tiga.
e) Ulang dengan doh phyllo yang tinggal dan inti.
f) Letakkan segitiga di atas loyang dan bakar selama 20-25 minit atau sehingga perang keemasan.

20.Brokoli Hummus

BAHAN-BAHAN:

- 2 cawan kuntum brokoli yang dimasak
- 1 tin (15 oz) kacang ayam, toskan dan bilas
- 1/4 cawan tahini
- 2 ulas bawang putih
- 2 sudu besar jus limau
- 3 sudu besar minyak zaitun
- Garam dan lada sulah secukup rasa
- Roti pita atau batang sayur untuk dicelup

ARAHAN:

a) Dalam pemproses makanan, gabungkan brokoli yang telah dimasak, kacang ayam, tahini, bawang putih, jus limau, minyak zaitun, garam dan lada.

b) Kisar sehingga licin dan berkrim, mengikis bahagian tepi mengikut keperluan.

c) Sesuaikan perasa ikut citarasa.

d) Hidangkan dengan roti pita atau batang sayuran.

21. Brokoli dan Kulit Kentang Sumbat Cheddar

BAHAN-BAHAN:

- 4 biji kentang russet besar, dibakar
- 2 cawan brokoli, kukus dan cincang
- 1 cawan keju cheddar yang dicincang
- 1/2 cawan krim masam
- 4 keping daging masak, hancur (pilihan)
- Bawang hijau dicincang untuk hiasan
- Garam dan lada sulah secukup rasa

ARAHAN:

a) Potong kentang panggang separuh memanjang dan cedok keluar daging, tinggalkan lapisan nipis.

b) Dalam mangkuk, campurkan daging kentang dengan brokoli cincang, keju cheddar, krim masam, bacon (jika menggunakan), garam dan lada sulah.

c) Sudukan semula adunan ke dalam kulit kentang.

d) Bakar dalam ketuhar pada 375°F (190°C) selama 15-20 minit atau sehingga keju cair dan berbuih.

e) Hiaskan dengan bawang hijau cincang sebelum dihidangkan.

22. Brokoli dan Ham Pinwheels

BAHAN-BAHAN:

- 1 helai pastri puff, dicairkan
- 1 cawan brokoli yang dimasak dan dicincang
- 1 cawan ham dipotong dadu
- 1 cawan keju Swiss yang dicincang
- Dijon mustard untuk penyebaran
- Garam dan lada sulah secukup rasa
- Cuci telur (1 biji telur yang dipukul dengan percikan air)

ARAHAN:

a) Panaskan ketuhar hingga 400°F (200°C) dan alaskan loyang dengan kertas parchment.
b) Canai puff pastry di atas permukaan yang ditaburi sedikit tepung.
c) Sapukan lapisan nipis mustard Dijon ke atas pastri.
d) Edarkan brokoli cincang, ham potong dadu dan keju Swiss yang dicincang secara merata ke atas mustard.
e) Perasakan dengan garam dan lada sulah.
f) Gulungkan pastri ke dalam log dan potong menjadi roda pin 1/2 inci.
g) Letakkan pinwheels pada lembaran pembakar, berus dengan basuh telur, dan bakar selama 15-20 minit atau sehingga perang keemasan.

23.Brokoli dan Telur Deviled Bacon

BAHAN-BAHAN:

- 6 biji telur rebus, dikupas dan dibelah dua
- 1/2 cawan brokoli yang telah dimasak dan dicincang
- 3 keping daging masak, hancur
- 2 sudu besar mayonis
- 1 sudu teh mustard Dijon
- Garam dan lada sulah secukup rasa
- Paprika untuk hiasan

ARAHAN:

a) Keluarkan kuning telur dan masukkan ke dalam mangkuk.
b) Tumbuk kuning telur dan campurkan dalam brokoli cincang, bacon hancur, mayonis, mustard Dijon, garam dan lada sulah.
c) Sudukan atau paipkan adunan kembali ke dalam putih telur.
d) Taburkan dengan paprika untuk hiasan.
e) Sejukkan sehingga sedia untuk dihidangkan.

HIDANGAN UTAMA

24.Bakar Brokoli Ayam Carbquik

BAHAN-BAHAN:

- 13.5 auns Dada Ayam Masak (dipotong dadu)
- 10 auns Brokoli Beku Cincang (bilas & toskan)
- 4 auns Keju Mozzarella
- 1 ½ cawan Susu Skim Hood
- 3 biji telur besar
- ¾ cawan Carbquik
- 1 sudu kecil lada hitam

ARAHAN:

a) Panaskan ketuhar anda hingga 400°F (200°C). Sembur pinggan mangkuk kaca 13 x 9 dengan semburan masak (seperti Pam).

b) Dalam hidangan pembakar yang disediakan, lapiskan ayam masak potong dadu, brokoli cincang, dan keju mozzarella.

c) Dalam mangkuk yang berasingan, pukul telur, susu skim, Carbquik, dan lada hitam bersama-sama selama kira-kira 1 minit pada kelajuan sederhana sehingga sebati.

d) Tuangkan adunan telur secara rata ke atas ayam, brokoli, dan keju dalam loyang.

e) Bakar dalam ketuhar yang telah dipanaskan selama 45 minit, atau sehingga bahagian atas berwarna perang keemasan dan bakar ditetapkan.

f) Setelah siap, keluarkan dari ketuhar dan biarkan ia sejuk selama beberapa minit sebelum dihiris dan dihidangkan.

g) Nikmati Chicken Brokoli Bake anda, hidangan rendah karbohidrat dan penuh protein!

25.Labu Brokoli C urry

BAHAN-BAHAN:

- 2 sudu besar minyak zaitun
- ½ cawan bawang besar, potong dadu
- 3 ulas bawang putih, ditekan atau dikisar
- 1 sudu besar halia, parut
- 2 dan ½ cawan labu, dikupas dan dikupas
- 2 dan ½ sudu besar pes kari merah
- 14 auns tin santan
- 2 cawan brokoli, potong bunga
- 1 cawan kacang ayam dalam tin
- ½ cawan gajus, tanpa garam
- 1 sudu besar jus limau nipis
- ¼ cawan ketumbar, dicincang

ARAHAN:

a) Dalam periuk besar, panaskan minyak dengan api sederhana . Masukkan bawang besar, halia, dan bawang putih. Tumis selama satu minit lagi, atau sehingga bawang lembut dan telus, dan wangi.

b) Masukkan karipap dan labu. Masak seminit lagi.

c) Biarkan mendidih, kacau dalam santan. Kecilkan api kepada perlahan dan tutup. Masak selama 15 minit dengan api perlahan.

d) Masukkan brokoli dan teruskan masak, tanpa penutup, selama 5 minit lagi.

e) Masukkan kacang ayam, gajus, dan jus limau nipis dan kacau hingga sebati.

f) Hiaskan dengan daun ketumbar sebelum dihidangkan.

26.Brokoli dan tauhu dengan sosej panggang

BAHAN-BAHAN:

- 2 sudu besar Minyak bijan
- 6 auns sosej Cina atau sosej salai; potong 1/2 inci
- 2 sudu besar Bawang putih dipotong dadu
- 1 kepala brokoli; dipotong menjadi kuntum bunga
- 3 keping tauhu pejal; potong 1/2 inci
- 1 sudu besar Halia segar parut
- 1 sudu besar minyak cili
- 2 sudu besar Bawang putih dipotong dadu
- 3 sudu besar kicap
- 1 sudu besar Mirin
- 2 sudu besar pes miso
- 2 sudu besar cuka wain beras

ARAHAN:

a) Panaskan kuali atau kuali besar dengan api besar, masukkan minyak bijan, sosej dan bawang putih dan masak selama 2 hingga 3 minit. Masukkan brokoli, masak tambahan 2 hingga 3 minit dan Bawa keluar ke hidangan .

b) Dalam kuali atau kuali yang sama masukkan tauhu, halia dan gaul cepat selama 30 saat. Bawa ke hidangan dengan sosej dan brokoli.

c) Kecilkan api dan masukkan minyak cili, bawang putih dan kicap dan masukkan mirin, miso, cuka beras dan perasakan secukup rasa. Jika haba terlalu tinggi anda mungkin memerlukan lebih banyak minyak untuk keseragaman .

d) Pinggan campuran brokoli, tauhu dan sosej di atas pinggan dan taburkan vinaigrette suam di atas . Hiaskan dengan daun bawang atau daun kucai.

27. Brokoli dan Kembang Kol dengan Macadamia Dukkah

BAHAN-BAHAN:

UNTUK SAYURAN PANGGANG:

- 1 cawan kuntum bunga kobis
- 1 cawan kuntum brokoli
- ½ cawan lobak, dibelah empat
- 1 sudu besar minyak zaitun

UNTUK MACADAMIA DUKKAH:

- ¼ cawan kacang macadamia mentah yang dicincang
- 1 sudu kecil ketumbar
- 1 sudu kecil jintan manis
- ½ sudu teh serbuk bawang putih
- 1 sudu besar bijan putih panggang
- 1 sudu besar bijan hitam
- ⅛ sudu teh kayu manis
- ⅛ sudu teh kepingan lada merah (pilihan)
- Garam dan lada sulah secukup rasa
- Jus ½ limau

ARAHAN:

a) Mulakan dengan memanaskan ketuhar anda hingga 400°F.

b) Pada lembaran penaik, toskan kembang kol, brokoli, dan lobak dengan sedikit minyak zaitun. Sebarkan mereka ke dalam lapisan yang sekata.

c) Letakkan lembaran pembakar di dalam ketuhar dan panggang sayur-sayuran selama 15-18 minit, toskan mereka separuh masa memasak, sehingga ia menjadi lembut dan sedikit keperangan.

d) Dalam kuali, panaskan kacang macadamia di atas api sederhana selama 3-4 minit, kacau selalu, sehingga ia bertukar warna keemasan yang indah.

e) Masukkan ketumbar, jintan putih, dan bawang putih ke dalam kacang macadamia panggang. Kacau hingga sebati dan kemudian bakar selama 1-2 minit tambahan, sehingga adunan menjadi wangi.

f) Pindahkan campuran kacang dan rempah ini ke pemproses makanan dan nadi selama kira-kira 15 saat, atau sehingga kacang dicincang halus.

g) Pindahkan campuran yang dicincang halus ke dalam mangkuk dan tambahkan bijan, kayu manis, kepingan lada merah (jika menggunakan), serta garam dan lada sulah mengikut citarasa anda. Kacau hingga sebati.

h) Setelah sayur-sayuran panggang siap di dalam ketuhar, pindahkan ke mangkuk hidangan. Hiaskannya dengan sedikit jus limau, pasli segar, dan taburan Macadamia Dukkah.

28.Daging lembu dengan Brokoli

BAHAN-BAHAN:

- 1 sudu besar Tepung jagung
- 3 sudu besar sherry kering
- 1/4 cawan Air
- 1/2 cawan sos tiram
- 1 secubit serpihan lada merah ditumbuk
- 1 sudu besar Minyak
- 1 sudu besar akar halia, dikisar
- 1 ulas bawang putih -- ditumbuk
- 1 paun Brokoli -- potong
- 1 lada hijau -- julienned
- 2 rusuk saderi -- dihiris
- 6 biji bawang hijau -- potong kecil
- 8 auns daging lembu masak -- dihiris

ARAHAN:

a) Larutkan tepung jagung dalam sherry, sos tiram, air, dan masukkan kepingan lada merah. Dalam kuali atau kuali besar, panaskan minyak di atas api besar, masukkan halia dan bawang putih.

b) Tumis 1 min. Masukkan brokoli, tumis 3 minit. Masukkan lada hijau, saderi, dan bawang hijau, tumis 3 minit. Buat perigi dalam kuali dan masukkan bancuhan tepung jagung. Kacau hingga pekat. Masukkan daging dan kacau perlahan-lahan.

c) Gunakan air rebusan ayam jika adunan terlalu pekat. Hidangkan bersama nasi Konjac kukus atau nasi kembang kol.

29.Babi dengan Brokoli dalam Sos Tiram

BAHAN EDIENT:

- 1 sudu besar tepung jagung
- 1 sudu teh MSG (pilihan)
- 1/4 cawan sos tiram
- 1/2 cawan stok ayam
- 2 cawan daging babi tanpa lemak yang dihiris (kira-kira 1 paun)
- 1 tandan (kira-kira 2 paun) brokoli segar, dihiris
- 2 hirisan halia, dihiris
- 1 ulas bawang putih, dikisar
- 1/4 cawan minyak sayuran
- 1/8 sudu teh garam
- 1/4 cawan air

ARAHAN:

a) Campurkan lima bahan pertama dan ketepikan.

b) Panaskan kuali atau kuali sehingga panas dan kering. Masukkan minyak, kemudian garam.

c) Tukar haba kepada sederhana. Masukkan halia dan bawang putih dan goreng hingga kekuningan. Hidupkan haba kepada tinggi. Masukkan daging babi dan goreng sehingga bahagian luar berwarna perang. Masukkan brokoli dan tumis selama 3 minit.

d) Masukkan air, tutup dan masak selama 4 minit. Tuangkan dalam simpanan

e) campuran sos; kacau semasa memasak sehingga kuah pekat. Kecilkan api, tutup dan masak selama 2 minit lagi. Letakkan dalam hidangan bertutup sehingga sedia untuk dihidangkan

30. Brokoli, Zucchini, dan Asparagus Paella

BAHAN-BAHAN:

- 5 cawan sup sayur
- ¼ cawan minyak zaitun
- 1 biji tomato, potong dadu
- 1 biji bawang kecil, potong dadu
- 2 sudu besar bawang putih kisar
- Secubit benang kunyit
- 2 cawan beras Arborio
- ½ cawan cendawan, dibelah empat
- ½ cawan asparagus yang dihiris
- ½ cawan zucchini potong dadu
- ½ cawan labu kuning dipotong dadu
- ½ cawan lada benggala merah dipotong dadu
- ¼ cawan kuntum brokoli

ARAHAN:

a) Didihkan stok sayur, kemudian tutup api.

b) Dalam periuk besar, panaskan minyak zaitun dengan api sederhana. Masukkan tomato dadu, bawang besar, dan bawang putih kisar. Tumis sehingga bawang menjadi lut sinar, yang sepatutnya mengambil masa kira-kira 5 minit.

c) Masukkan benang kunyit. Masukkan beras Arborio dan kacau hingga menyalutinya dengan minyak.

d) Sendukkan stok sayur panas ke atas nasi sehingga bertutup. Reneh dan kacau sentiasa sehingga stok meresap. Ulangi proses ini sehingga stok habis atau nasi dimasak dengan tekstur sedikit al dente, yang biasanya mengambil masa kira-kira 15-20 minit.

e) Masukkan cendawan, asparagus, zucchini, labu kuning, lada benggala merah, dan brokoli.

f) Tutup api dan tutup kuali sehingga sayur-sayuran dipanaskan.

31.Puyuh Atas Brokoli dan Jalur Ham

BAHAN-BAHAN:

- 4 sudu besar minyak sayuran
- 1 sudu teh halia segar yang dikisar
- 3 ekor puyuh, belah
- Garam dan lada
- 4 Sudu besar air rebusan ayam
- 1 zucchini sederhana, dipotong menjadi jalur nipis
- 1 lobak merah, dikikis dan dipotong menjadi jalur nipis
- 4 daun bawang keseluruhan, dipotong menjadi jalur nipis
- 2 batang brokoli besar, dikupas dan dipotong menjadi jalur nipis
- 2 auns ham negara atau prosciutto, dipotong menjadi jalur nipis

ARAHAN:

a) Dalam kuali besar atau kuali panaskan 2 sudu besar minyak bersama halia.

b) Coklat puyuh di semua sisi. Garam dan lada mereka. Masukkan sedikit sup, tutup, dan kukus-perap perlahan-lahan selama 15 minit.

c) Keluarkan puyuh dengan jusnya dan simpan panas.

32.Quinoa Brokoli Rabe

BAHAN-BAHAN:

- 1 cawan Quinoa
- 14½ Auns Sup Ayam
- 2 sudu besar minyak zaitun extra-virgin
- ½ cawan bawang cincang
- 1 sudu teh bawang putih cincang
- 1 Tandan besar Brokoli Rabe
- ¼ sudu teh dicincang
- ¼ sudu teh serpihan lada merah

ARAHAN:

a) Bakar quinoa, kacau, dalam kuali nonstick dengan api sederhana rendah, selama 5 minit.

b) Bawa sup dan air mendidih dalam periuk sederhana; kacau dalam quinoa.

c) Kurangkan haba kepada sederhana-rendah; tutup dan reneh selama 12 hingga 15 minit sehingga cecair diserap dan quinoa lembut.

d) Bulatkan dengan garpu dan pindahkan ke mangkuk besar; tutup dan panaskan.

e) Panaskan minyak dalam kuali nonstick yang besar di atas api yang sederhana tinggi. Tambah bawang dan bawang putih; masak selama 3 minit. Masukkan brokoli rabe, garam, dan lada merah.

f) Masak sehingga brokoli rabe lembut, 5 hingga 7 minit. Kacau sayur-sayuran ke dalam quinoa.

33.Spam Murahan Brokoli Bakar

BAHAN-BAHAN:

- 1 (12 auns) tin Spam, dipotong dadu
- 4 cawan kuntum brokoli
- 2 sudu besar mentega
- 2 sudu besar tepung serba guna
- 1 ½ cawan susu
- 1 cawan keju cheddar yang dicincang
- ¼ cawan keju Parmesan parut
- Garam dan lada sulah secukup rasa
- 1 cawan serbuk roti (pilihan)

ARAHAN:

a) Panaskan ketuhar anda kepada 375°F (190°C). Minyakkan loyang.
b) Kukus atau rebus bunga brokoli sehingga empuk sedikit. Toskan dan ketepikan.
c) Dalam kuali besar, tumis Spam yang telah dipotong dadu sehingga keperangan sedikit. Keluarkan Spam dari kuali dan ketepikan.
d) Dalam kuali yang sama, cairkan mentega dengan api sederhana. Kacau dalam tepung serba guna untuk membentuk roux.
e) Tuangkan susu secara beransur-ansur, kacau sentiasa untuk mengelakkan ketulan. Masak sehingga sos pekat dan menjadi berkrim.
f) Masukkan keju cheddar yang dicincang dan keju Parmesan parut sehingga ia cair dan dimasukkan ke dalam sos.
g) Masukkan Spam tumis dan brokoli kukus ke dalam sos keju, toskan semuanya untuk digabungkan.
h) Perasakan dengan garam dan lada sulah secukup rasa.
i) Pindahkan Spam Murahan Brokoli Bake ke dalam loyang yang telah digris.
j) Jika mahu, taburkan serbuk roti di atas bahagian atas bakar untuk menambahkan kerangupan.
k) Bakar hidangan dalam ketuhar yang telah dipanaskan selama kira-kira 20-25 minit, atau sehingga bahagian atasnya berwarna keemasan dan berbuih.
l) Keluarkan bakar dari ketuhar dan biarkan ia sejuk sedikit sebelum dihidangkan.
m) Nikmati Spam Murahan Brokoli Bake yang selesa dan murah ini sebagai ulam atau hidangan utama!

34.Pasta Zucchini dengan ayam dan brokoli

BAHAN-BAHAN:

- 3 ½ cawan bunga brokoli, dipotong
- 4 sudu besar minyak zaitun
- Garam kosher
- Lada secukup rasa
- 1 paun pasta zucchini, dimasak
- ½ paun dada ayam dipotong dadu
- ½ cawan keju Parmesan parut
- 1 sudu besar mentega
- 4 sudu besar ricotta

ARAHAN

a) Panaskan ketuhar hingga 425 °F.

b) Letakkan brokoli dalam hidangan pembakar.

c) Toskan brokoli dengan 3 sudu besar minyak, garam dan lada sulah.

d) Panggang selama 15 minit atau sehingga brokoli kelihatan rangup, tetapi tidak betul-betul perang.

e) Masukkan baki sudu minyak ke dalam set kuali besar di atas api sederhana tinggi.

f) Ayam perang, pecahkan dengan garpu sehingga masak, 5 hingga 7 minit.

g) Hidupkan api menjadi tinggi.

h) Kacau sehingga cecair kelihatan emulsi dan pekat.

i) Masukkan pasta zucchini, keju Parmesan, dan mentega ke dalam kuali.

j) Toskan dengan penyepit sehingga semuanya sekata, tambahkan lebih banyak air untuk melonggarkan jika perlu.

k) Bahagikan kepada 4 mangkuk.

l) Teratas dengan brokoli rangup, lebih banyak keju Parmesan parut, dan sebiji keju ricotta.

35.Brokoli Bakar Ketuhar Kayu

BAHAN-BAHAN:

- 2½ paun mahkota brokoli , dipotong dadu
- ⅓ cawan minyak zaitun
- ½ kulit limau
- 2 sudu teh jus limau
- 1½ sudu teh garam
- ½ sudu teh lada hitam tanah
- ⅛ sudu teh serpihan lada merah
- 1½ sudu teh serbuk kering perasa ladang
- 5 ulas bawang putih, dikisar
- ⅓ cawan keju parmesan parut

ARAHAN:

a) Satukan minyak zaitun, kulit limau, jus limau, garam, lada sulah, serpihan lada merah, serbuk perasa kering ladang dan bawang putih dalam mangkuk adunan yang besar.

b) Masukkan bunga brokoli dan salutkan dengan teliti.

c) Tuangkan ke dalam kuali besi tuang besar.

d) Masak selama 15-20 minit dalam ketuhar kayu, sehingga kematangan yang dikehendaki dicapai. Putar setiap 2-3 minit.

e) Keluarkan dari ketuhar dan taburkan dengan keju parmesan parut.

36.Makaroni Brokoli Kembang Kol

BAHAN-BAHAN:

- 2 cawan kuntum bunga kobis
- 1-auns keju Amerika dipotong menjadi kepingan
- ¾ cawan santan
- 1 cawan keju cheddar, dicincang
- 8 auns makaroni siku
- 2 cawan kuntum brokoli
- 3 cawan air
- ½ sudu teh garam

ARAHAN

a) Masukkan air, makaroni, kembang kol, brokoli, dan garam ke dalam periuk segera dan kacau rata.

b) Tutup periuk dengan penutup dan masak di atas api selama 4 minit.

c) Lepaskan tekanan menggunakan kaedah pelepasan cepat kemudian buka penutup.

d) Tetapkan periuk segera pada mod tumis. Tambah keju Amerika, santan dan keju cheddar. Kacau rata dan masak selama 5 minit.

e) Hidangkan dan nikmati.

37.Brokoli Murahan dan Kaserol Ayam

I :

- 2 cawan ayam masak, cincang
- 2 cawan brokoli dicincang
- ¼ cawan mentega
- ¼ cawan tepung serba guna
- 2 cawan susu
- 2 cawan keju Amerika parut
- Garam dan lada sulah secukup rasa
- ½ cawan serbuk roti

ARAHAN:

a) Panaskan ketuhar hingga 350°F.
b) Dalam mangkuk adunan yang besar, satukan ayam yang telah dimasak, dicincang dan brokoli yang dicincang. Gaul sebati.
c) Dalam periuk, cairkan mentega dengan api sederhana. Pukul tepung hingga rata.
d) Pukul susu secara beransur-ansur dan teruskan masak, kacau sentiasa, sehingga adunan pekat.
e) Masukkan keju Amerika parut sehingga cair dan licin. Perasakan dengan garam dan lada sulah.
f) Tuangkan sos keju ke atas campuran ayam dan brokoli ke dalam mangkuk adunan. Gaul sebati.
g) Pindahkan adunan ke dalam loyang bersaiz 9x13 inci yang telah digris.
h) Teratas dengan serbuk roti.
i) Bakar selama 25-30 minit atau sehingga kaserol panas dan berbuih.

PASTA

38. Tomato kering dan Pasta Brokoli

BAHAN-BAHAN:

- 1 kepala brokoli, potong bunga kecil
- 3 sudu besar badam serpihan
- 3 cawan pasta, kering
- 4 sudu besar sup sayur-sayuran
- Segenggam selasih segar

SOS

- 4 ulas bawang putih, dikupas
- 10 biji tomato kering matahari
- 1 sudu besar yis pemakanan
- 2 sudu besar tomato puree
- 1 sudu kecil cili kering
- 1 jus limau
- Secubit garam laut

PANGRATTOTO

- 2 cawan serbuk roti
- 1 sudu teh bawang putih kering
- 4 sudu besar sup sayur-sayuran
- 3 sudu teh herba campuran kering
- Perahan & Jus 1 limau
- Secubit garam laut

ARAHAN:

a) Masak pasta dalam air mendidih masin.
b) Hidratkan semula tomato yang dijemur di dalam air pasta selama seminit dengan peralatan dapur.
c) Setelah tomato yang dikeringkan di bawah sinar matahari lembut sedikit, satukan dengan bahan-bahan sos yang lain dan beberapa sudu air dalam pengisar.
d) Blitz adunan sehingga ia mencapai konsistensi pes licin.
e) Panaskan periuk dengan api sederhana dan tambahkan renyai-renyai sup sayur-sayuran, kemudian brokoli dan badam serpihan.
f) Kacau selalu selama beberapa minit atau sehingga badam berwarna perang keemasan.
g) Kacau dalam pes tomato kering matahari, pastikan brokoli disalut dengan baik. Untuk menjadikannya lebih pedas, tambahkan air rehidrasi yang dikhaskan dan sedikit air pasta.
h) Biarkan sos dan brokoli masak selama sekurang-kurangnya 3-4 minit dengan api perlahan, kacau selalu.
i) Sediakan Pangrattoto (serbuk roti). Masukkan sedikit sup sayur-sayuran ke dalam kuali nonstick dengan api perlahan , kemudian masukkan serbuk roti, limau, bawang putih, perasa dan herba.
j) Bakar serbuk roti selama beberapa minit atau sehingga perang keemasan.
k) Apabila pasta siap, toskan air dan masukkan ke dalam sos.
l) Gaul sebati, pastikan semua pasta bersalut. Tambah sedikit lada hitam, selasih, dan jus limau secukup rasa. Hidangkan dan nikmati!

39. Makaroni Brokoli Kembang Kol

BAHAN-BAHAN:

- 2 cawan kuntum bunga kobis
- 1-auns keju Amerika dipotong menjadi kepingan
- ¾ cawan santan
- 1 cawan keju cheddar, dicincang
- 8 auns makaroni siku
- 2 cawan kuntum brokoli
- 3 cawan air
- ½ sudu kecil garam

ARAHAN:

a) Masukkan air, makaroni, kembang kol, brokoli, dan garam ke dalam periuk segera dan kacau rata.
b) Tutup periuk dengan penutup dan masak di atas api selama 4 minit.
c) Lepaskan tekanan menggunakan kaedah pelepasan cepat kemudian buka penutup.
d) Tetapkan periuk segera pada mod tumis. Tambah keju Amerika, santan dan keju cheddar. Kacau rata dan masak selama 5 minit.
e) Hidangkan dan nikmati.

40.Pasta Zucchini dengan ayam dan brokoli

BAHAN-BAHAN:

- 3 ½ cawan bunga brokoli, dipotong
- 4 sudu besar minyak zaitun
- Garam kosher
- Lada secukup rasa
- 1 paun pasta zucchini, dimasak
- ½ paun dada ayam dipotong dadu
- ½ cawan keju Parmesan parut
- 1 sudu besar mentega
- 4 sudu besar ricotta

ARAHAN:

m) Panaskan ketuhar hingga 425 °F

n) Letakkan brokoli dalam hidangan pembakar

o) Toskan brokoli dengan 3 sudu besar minyak, garam dan lada sulah

p) Panggang selama 15 minit atau sehingga brokoli kelihatan rangup, tetapi tidak betul-betul perang

q) Masukkan baki sudu minyak ke dalam set kuali besar di atas api sederhana tinggi

r) Ayam perang, pecahkan dengan garpu sehingga masak, 5 hingga 7 minit

s) Hidupkan haba kepada tinggi

t) Kacau sehingga cecair kelihatan emulsi dan pekat

u) Masukkan pasta zucchini, keju Parmesan, dan mentega ke dalam kuali

v) Toskan dengan penyepit sehingga semuanya sekata, tambahkan lebih banyak air untuk melonggarkan jika perlu

w) Bahagikan kepada 4 mangkuk

x) Teratas dengan brokoli rangup, lebih banyak keju Parmesan parut, dan sebiji keju ricotta

41.Mee Cina Dan Brokoli Dengan Sos Kacang

BAHAN-BAHAN:

- 12 auns mi Cina atau linguine tanpa telur
- 3 cawan kuntum brokoli
- 1 sudu teh minyak bijan panggang
- 1 sudu besar kanola atau minyak biji anggur
- 1 biji bawang merah sederhana, dihiris nipis
- 1 ulas bawang putih, dikisar
- 1 sudu teh halia segar parut
- 3 sudu besar sos kacang hitam (lihat nota utama)
- 3 sudu besar kicap
- 1 sudu kecil pes cili Asia
- 1⁄2 cawan air
- 1 sudu besar tepung jagung dilarutkan dalam 2 sudu besar air
- 1⁄4 cawan gajus cincang, untuk hiasan

ARAHAN:

a) Masak mee dalam periuk air mendidih sehingga empuk. (Mee Cina kering mengambil masa kira-kira 5 minit untuk memasak; linguine mengambil masa kira-kira 10 minit.) Dalam beberapa minit terakhir masa memasak, masukkan bunga brokoli untuk masak dengan ringan. Toskan dengan baik, bilas dengan air sejuk, dan pindahkan mi dan brokoli ke dalam mangkuk besar. Toskan dengan minyak bijan dan ketepikan.

b) Dalam kuali atau kuali besar, panaskan minyak kanola di atas api yang sederhana tinggi. Masukkan bawang dan tumis sehingga lembut, kira-kira 5 minit. Masukkan bawang putih dan halia dan tumis hingga naik bau, kira-kira 30 saat. Masukkan pes kacang hitam, kicap, pes cili, dan air. Reneh 30 saat untuk menggabungkan rasa. Masukkan bancuhan tepung jagung dan kacau hingga pekat.

c) Masukkan mee dan brokoli yang telah dimasak dan toskan hingga bersalut dengan sos dan panaskan.

d) Pindahkan ke mangkuk hidangan besar dan taburkan gajus. Hidangkan segera.

42.Pasta Limau dengan Brokol i dan Courgette

BAHAN-BAHAN:

- 1 kepala brokoli
- Segenggam kacang
- 2 ulas bawang putih
- 2 Hidangan pasta Ejaan, dimasak
- 1 labu kuning
- 1 sudu teh minyak kelapa
- 1 biji tomato
- 1/2 biji bawang merah
- 2 tandan roket
- Tiriskan minyak zaitun
- Jus 1 limau
- Garam Himalaya & lada hitam secukup rasa

ARAHAN:

a) Tumis brokoli, kacang polong, bawang putih, bawang merah, dan kubis dalam minyak kelapa.

b) Masukkan pasta bersama dengan tomato cincang dan roket, dan jus limau.

43.Brokoli Pasta Spring

BAHAN-BAHAN:

- 1 cawan keju kotej rendah lemak
- 1 sudu besar jus limau segar
- 8 auns spageti nipis
- 1 sudu besar minyak sayuran yang boleh diterima
- ¼ cawan daun bawang dicincang
- ½ cawan bawang cincang
- 1 ulas bawang putih, dikisar
- ¼ sudu teh lada hitam yang baru dikisar,
- Atau secukup rasa
- 2 cawan cendawan segar yang dihiris
- 1 cawan lada benggala hijau dihiris
- 1½ cawan lobak merah dihiris
- 10 auns beku tanpa garam ditambah
- Brokoli dikukus

ARAHAN:

a) Toskan sebarang cecair dari keju kotej. Dalam mangkuk, satukan keju kotej dan jus limau. Mengetepikan.

b) Sediakan spageti mengikut bungkusan, tinggalkan garam.

c) Toskan dengan teliti.

d) Sementara itu, panaskan minyak dalam kuali dengan api sederhana tinggi. Masukkan daun bawang, bawang besar, bawang putih, dan lada hitam dan tumis 1 minit4. Masukkan cendawan dan kacau selama 1 minit. Kemudian masukkan lada benggala, lobak merah, dan brokoli dan kacau selama 3-4 minit lagi. Mengetepikan.

e) Dalam mangkuk lain, toskan adunan spageti dan keju kotej hingga rata. Teratas dengan sayur tumis.

44. Kerang Pasta Bakar Dan Brokoli

BAHAN-BAHAN:

- 1 tandan sederhana brokoli, dipotong dan dipotong menjadi bunga kecil
- 8 auns pasta kulit kecil
- 3 cawan Sos Keju Gaya Mornay
- Garam dan lada hitam yang baru dikisar
- 1⁄2 cawan serbuk roti kering tanpa perasa
- 1 sudu teh paprika manis

ARAHAN:

a) Kukus brokoli sehingga empuk, lebih kurang 5 minit. Jalankan di bawah air sejuk untuk menghentikan proses memasak dan ketepikan. Panaskan ketuhar hingga 375°F. Minyak sedikit loyang 9 x 13 inci dan ketepikan.

b) Dalam periuk air masin mendidih, masak pasta di atas api sederhana tinggi sehingga al dente, kira-kira 8 minit. Toskan dengan baik dan kembalikan ke dalam periuk. Masukkan brokoli kukus, sos Mornay, dan garam dan lada sulah secukup rasa. Gaul perlahan-lahan hingga sebati, kemudian sudukan adunan ke dalam loyang yang telah disediakan dan atasnya dengan serbuk roti dan paprika.

c) Tutup dengan foil dan bakar selama 30 minit. Buka tutup dan bakar sehingga bahagian atas berwarna perang sedikit, lebih kurang 10 minit lagi. Hidangkan segera.

45.Brokoli pesto keju ravioli

BAHAN-BAHAN:

- 1 kepala brokoli; dipisahkan kepada kuntum bunga
- 3 sudu besar minyak zaitun
- 2 sudu besar keju Parmesan; parut
- 1½ sudu teh jus limau
- ½ sudu teh Bawang Putih; cincang
- ¼ sudu teh Garam
- 2 sudu besar kepingan Walnut
- ½ paun Ravioli; masak
- 1 sudu besar minyak zaitun
- 2 sudu besar selasih segar; dicincang untuk hiasan
- Keju parmesan; parut

ARAHAN:

a) Blanch baki dalam air mendidih, segarkan dalam air sejuk, dan kemudian toskan dan keringkannya. Satukan brokoli yang telah dicelur dalam pemproses makanan dengan minyak zaitun, keju, jus limau, bawang putih dan garam.

b) Kisar sehingga rata, kemudian masukkan walnut dan nadi sehingga kacang dicincang.

c) Keluarkan dari mangkuk dan ketepikan. Masukkan bunga brokoli yang dikhaskan ke dalam periuk seminit sebelum ravioli siap.

d) Toskan ravioli dan brokoli dalam colander. Kembalikan periuk suam ke api perlahan dan masukkan minyak zaitun. Kembalikan ravioli dan brokoli ke dalam kuali dan toskan dengan campuran sos dan hidangkan segera dalam pinggan dalam panas, dihiasi dengan selasih segar jika dikehendaki.

e) Lulus keju Parmesan parut tambahan.

46.Fusilli Dengan Shiitake dan Brokoli Rabe

BAHAN-BAHAN:

- 1 paun pasta Fusilli
- 1 paun brokoli rabe; dipotong, dan Potong menjadi kepingan 1 inci

UNTUK SOS

- ½ cawan minyak zaitun
- ½ cawan bawang merah cincang
- 1 ulas bawang putih; cincang
- 6 auns cendawan Shiitake - (hingga 8 oz); dipotong, dihiris
- 6 auns Prosciutto atau ham sembuh serupa -(hingga 8 oz); potong dadu kecil, Atau jalur
- ½ sudu teh Serpihan lada merah panas kering (hingga 1 sudu teh); atau secukup rasa
- ⅓ cawan stok ayam atau sup
- 2 sudu besar pasli segar cincang
- 2 sudu besar daun kucai segar dikisar
- 2 sudu besar Tarragon segar

HIASAN

- Keju Parmesan yang baru diparut; (pilihan)
- Tomato kering; (pilihan)

ARAHAN:

a) Pertama, buat sos. Dalam kuali panaskan minyak. Masukkan bawang merah dan masak, kacau selama 1 minit.

b) Kemudian masukkan cendawan dan masak, kacau sekali-sekala selama 5 minit, atau sehingga cendawan berwarna keemasan.

c) Sekarang kacau dalam bawang putih, prosciutto, dan kepingan lada merah dan masak selama 30 minit, kemudian masukkan stok ayam atau sup dan reneh selama 1 minit.

d) Untuk pasta anda, bawa periuk besar air hingga mendidih penuh.

e) Apabila air sudah siap, masukkan pasta anda. Ingat untuk memulakan masa memasak anda apabila air kembali mendidih, bukan apabila anda menambah pasta.

f) Masak pasta anda mengikut arahan pakej, selepas 6 minit memasak, masukkan brokoli rabe ke dalam pasta memasak.

g) Toskan pasta dan brokoli rabe dalam colander dan pindahkan ke hidangan hidangan. Teratas dengan sos, gaul rata. Hiaskan jika mahu.

47.lasagna udang brokoli

BAHAN-BAHAN:

- 6 mi Lasagna; belum masak
- 3 sudu besar Marjerin
- ¼ cawan tepung serba guna
- ¼ cawan bawang hijau; dihiris
- ¼ sudu teh Garam
- ¼ sudu teh mustard kering
- ¼ sudu teh thyme kering
- ¼ sudu teh lada Cayenne
- 2½ cawan Susu; skim
- 1 cawan keju Monterey jack; dicincang
- 1 paun bunga brokoli
- 2½ cawan keju cheddar yang dicincang; rendah lemak
- 1 paun Udang; masak, deveined

ARAHAN:

a) Masak mi lasagna mengikut kematangan yang diingini seperti yang diarahkan pada bungkusan; longkang.

b) Bilas dengan air panas.

c) Sementara itu, cairkan marjerin dalam periuk sederhana dengan api sederhana. Kacau dalam tepung, bawang, garam, mustard kering, thyme, dan lada merah kisar.

d) Masukkan susu secara beransur-ansur, kacau sentiasa. Masak dan kacau sehingga adunan berbuih dan pekat. Keluarkan dari haba. Tambah keju Monterey Jack; kacau sehingga cair.

e) Panaskan ketuhar hingga 350°F. Dalam hidangan pembakar bersaiz 13x9 inci (3 liter), lapisan ½ cawan sos, 3 mi, semua brokoli, ½ cawan keju Cheddar dan 1 cawan sos.

f) Teratas dengan baki mi, semua udang, 1 cawan keju Cheddar, baki sos dan baki keju.

g) Bakar selama 30 minit atau sehingga panas dan berbuih. Biarkan 10 minit sebelum dihidangkan.

PIZZA

48.Pizza Brokoli Panggang Limau

BAHAN-BAHAN:

- ½ paun doh pizza gandum penuh
- 8 auns mozzarella segar
- 2 cawan kuntum brokoli yang dicincang kasar
- ¼ cawan keju feta hancur
- Basil pesto (¼ cawan)
- ¼ cawan tomato kering yang dicincang
- ¼ cawan buah zaitun Kalamata yang dicincang
- ½ kulit limau
- 1 sudu teh kepingan lada merah yang ditumbuk
- ½ limau, dihiris nipis
- ½ cawan Mikrohijau mustard pedas

ARAHAN:

a) Panaskan ketuhar hingga 425°F.

b) Di atas papan yang ditaburkan sedikit tepung, canai doh sehingga ia sangat nipis. Letakkan doh di atas loyang yang beralas.

c) Sapukan pesto pada doh.

d) Dalam mangkuk adunan yang besar, satukan tomato kering, buah zaitun, kulit limau, kepingan lada merah yang dihancurkan dan mozzarella.

e) Toskan brokoli dengan 1 sudu besar minyak tomato kering matahari.

f) Letakkan brokoli di atas, bersama-sama dengan 3-4 biji limau.

g) Sapukan keju feta secara merata ke atas.

h) Bakar selama 10-15 minit, atau sehingga keju cair dan keraknya rangup.

i) Keluarkan pizza dari ketuhar dan tambahkan mikrohijau ke atas.

49.Brokoli Vegan Pizza

BAHAN NTS:

- Tepung serba guna untuk membersihkan kulit piza atau semburan nonstick untuk melincirkan dulang piza
- 1 doh buatan sendiri
- 2 sudu besar mentega tanpa garam
- 2 sudu besar tepung serba guna
- 1¼ cawan biasa, santan
- 6 auns keju vegan, dicincang
- 1 sudu teh mustard Dijon
- 1 sudu teh daun thyme bertangkai atau ½ sudu teh thyme kering
- ½ sudu teh garam
- Beberapa sudu sos lada merah panas
- 3 cawan kuntum brokoli segar, kuntum brokoli kukus atau beku, dicairkan
- 2 auns keju vegan, parut halus

ARAHAN:

a) Taburkan kulit pizza dengan tepung. Letakkan doh di tengah kulit dan bentukkan doh menjadi bulatan dengan lesungkan dengan hujung jari anda.

b) Angkat doh dan putarkannya dengan memegang tepinya, tarik sedikit semasa anda berbuat demikian sehingga kerak menjadi bulatan kira-kira 14 inci diameter. Letakkan bahagian bawah tepung di atas kulit.

c) Gris satu atau yang lain dengan semburan nonstick. Letakkan doh di atas dulang atau loyang dan lesungkan doh dengan hujung jari sehingga menjadi bulatan leper. Cairkan mentega dalam set periuk dengan api sederhana. Pukul tepung sehingga sebati dan adunan yang terhasil menjadi perang sangat terang, kira-kira 1 minit.

d) Kecilkan api ke sederhana rendah dan pukul santan, tuang perlahan-lahan ke dalam adunan mentega dan tepung. Teruskan mengaduk di atas api sehingga pekat.

e) Keluarkan kuali dari api dan pukul dengan keju vegan yang dicincang, mustard, thyme, garam, dan sos lada merah panas. Sejukkan selama 10 hingga 15 minit, pukul sekali-sekala.

f) Jika anda menggunakan doh segar, luncurkan kerak yang telah dibentuk tetapi belum di atasnya dari kulit ke batu panas atau letakkan kerak di atas dulang atau loyangnya sama ada di dalam ketuhar atau di atas bahagian parut gril yang tidak dipanaskan.

g) Bakar atau panggang dengan penutup tertutup sehingga kerak berwarna coklat muda, berhati-hati untuk meletuskan sebarang buih udara yang timbul di permukaannya atau di tepinya, selama kira-kira 12 minit.

h) Luncurkan kulit ke belakang di bawah kerak untuk mengeluarkannya dari batu—atau pindahkan dulang piza dengan kerak ke rak dawai.

i) Sapukan sos keju pekat di atas kerak, tinggalkan sempadan ½ inci di tepi. Teratas dengan bunga brokoli.

50.Sos Tomato dengan Brokoli Pizza

BAHAN-BAHAN:

- Provolone, atau Havarti, dicincang, 3 auns
- 1 resipi untuk Doh asas Itali Tradisional
- Satu pimiento yang telah dibakar atau lada merah panggang
- Serpihan lada merah, setengah sudu teh
- Sos Pizza, Setengah cawan
- Mozzarella, dicincang, 3 auns
- Parmigiana atau Grana Padano, parut halus, 1 auns
- Bunga brokoli, kukus, 2 cawan

ARAHAN:

a) Bentukkan doh menjadi bulatan berdiameter 14 inci.
b) Lakukan ini dengan memegang tepi dan berhati-hati memutar dan meregangkan doh.
c) Haluskan pimiento dan lada merah sehingga halus.
d) Sapukan kerak yang disediakan dengan sos pizza.
e) Letakkan kedua-dua keju yang dicincang di atas.
f) Taburkan bunga brokoli di atas kerak.
g) Letakkan titik-titik puri pimiento di atas.
h) Letakkan Parmigiana parut halus di atas.
i) Grill/Bakar selama 16 hingga 18 minit.

51.Ayam dan Brokoli Alfredo Pizza

BAHAN-BAHAN:

- doh pizza
- 1/2 cawan sos Alfredo
- 1 1/2 cawan ayam masak dan cincang
- 1 cawan kuntum brokoli, kukus
- 1 1/2 cawan keju mozzarella yang dicincang
- 1/4 cawan parut keju Parmesan
- Garam dan lada sulah secukup rasa
- Pasli segar untuk hiasan

ARAHAN:

a) Panaskan ketuhar mengikut arahan doh pizza.
b) Canai doh pizza dan sapukan lapisan sos Alfredo di atasnya.
c) Edarkan ayam cincang dan brokoli kukus secara rata ke atas sos.
d) Taburkan mozzarella dan keju Parmesan di atasnya.
e) Perasakan dengan garam dan lada sulah.
f) Bakar sehingga kerak keemasan dan keju cair.
g) Hiaskan dengan pasli segar sebelum dihidangkan.

52.Pizza Brokoli dan Sosej Pedas

BAHAN-BAHAN:

- doh pizza
- 1/2 cawan sos tomato
- 1 1/2 cawan sosej Itali yang dimasak, dihiris
- 1 cawan kuntum brokoli, dicelur
- 1 cawan keju mozzarella yang dicincang
- 1/2 cawan hirisan bawang merah
- 1/4 cawan hirisan lada pisang
- Serpihan lada merah ditumbuk (pilihan)
- Minyak zaitun

ARAHAN:

a) Panaskan ketuhar mengikut arahan doh pizza.
b) Canai doh pizza dan sapukan lapisan sos tomato.
c) Susun hirisan sosej Itali, brokoli rebus, bawang merah dan lada pisang di atas sos.
d) Taburkan keju mozzarella di atas topping.
e) Jika mahu, masukkan kepingan lada merah yang telah dihancurkan untuk api.
f) Tuangkan minyak zaitun ke atas pizza.
g) Bakar sehingga kerak keemasan dan keju cair.

53.Cendawan dan Brokoli Alfredo Piz za

BAHAN-BAHAN:

- doh pizza
- 1/2 cawan sos Alfredo
- 1 cawan kuntum brokoli, dicelur
- 1 cawan cendawan dihiris
- 1 1/2 cawan keju mozzarella yang dicincang
- 1/4 cawan parut keju Parmesan
- Garam dan lada sulah secukup rasa
- Pasli segar untuk hiasan

ARAHAN:

a) Panaskan ketuhar berdasarkan arahan doh pizza.
b) Canai doh pizza dan sapukan lapisan sos Alfredo.
c) Edarkan brokoli yang telah dicelur dan cendawan yang dihiris rata di atasnya.
d) Taburkan mozzarella dan keju Parmesan di atas topping.
e) Perasakan dengan garam dan lada sulah.
f) Bakar sehingga kerak keemasan, dan keju cair.
g) Hiaskan dengan pasli segar sebelum dihidangkan.

54.Ayam BBQ dan Pizza Brokoli

BAHAN-BAHAN:

- doh pizza
- 1/2 cawan sos barbeku
- 1 1/2 cawan ayam masak dan cincang
- 1 cawan kuntum brokoli, dicelur
- 1 cawan keju mozzarella yang dicincang
- 1/4 cawan bawang merah, dihiris nipis
- 1/4 cawan ketumbar, dicincang
- Garam dan lada sulah secukup rasa

ARAHAN:

a) Panaskan ketuhar mengikut arahan doh pizza.
b) Canai doh pizza dan sapukan lapisan sos barbeku.
c) Edarkan ayam yang dicincang, brokoli yang dicelur, dan bawang merah yang dihiris rata.
d) Taburkan keju mozzarella di atas topping.
e) Perasakan dengan garam dan lada sulah.
f) Bakar sehingga kerak keemasan, dan keju cair.
g) Hiaskan dengan ketumbar cincang sebelum dihidangkan.

55.Brokoli Yunani dan Pizza Feta

BAHAN-BAHAN:

- doh pizza
- 1/2 cawan sos tomato
- 1 cawan kuntum brokoli, dicelur
- 1/2 cawan buah zaitun Kalamata, dihiris
- 1/2 cawan tomato ceri, dibelah dua
- 1/2 cawan keju feta, hancur
- 1/4 cawan bawang merah, dihiris nipis
- Minyak zaitun
- Garam dan lada sulah secukup rasa
- Oregano segar untuk hiasan

ARAHAN:

a) Panaskan ketuhar mengikut arahan doh pizza.
b) Canai doh pizza dan sapukan lapisan sos tomato.
c) Edarkan brokoli yang telah diputihkan, buah zaitun Kalamata, tomato ceri dan bawang merah di atasnya.
d) Hancurkan keju feta di atas topping.
e) Tuangkan minyak zaitun ke atas pizza dan perasakan dengan garam dan lada sulah.
f) Bakar sehingga kerak keemasan, dan keju cair.
g) Hiaskan dengan oregano segar sebelum dihidangkan.

SUP

56.Kacang dan Cili Brokoli

BAHAN-BAHAN:

- 1 tandan bayam
- Garam Himalaya dan lada hitam yang baru dikisar
- 2 sudu besar tomato puree
- 1 sudu besar minyak zaitun
- 1 bawang, dicincang
- 1 ulas bawang putih, ditumbuk
- 1 biji cili merah, hiris nipis
- 1/2 sudu teh jintan halus
- 1/2 sudu teh ketumbar kisar
- 1 kepala brokoli, dicincang kecil
- 1 tin tomato cincang
- Biji kapur, untuk dihidangkan
- 1/2 kiub stok sayuran tanpa yis
- Aminos Cecair Dash
- 200g tin kacang merah, toskan

ARAHAN:

a) Panaskan stok dan kukus bawang besar dan bawang putih .

b) Masukkan kiub stok , tomato, tomato puree, cili , jintan putih, ketumbar, sos Aminos, garam dan lada sulah.

c) Reneh selama kira-kira 20 minit .

d) Satukan kacang ginjal dan ketumbar segar dalam mangkuk adunan dan masak selama 9 minit lagi.

e) Teratas dengan brokoli mentah dan bayam, serta alpukat atau minyak zaitun.

57. Sup Udang Brokoli

BAHAN-BAHAN:

- 2 sudu besar Pes Kari Hijau
- 1 cawan Stok Sayur
- 1 cawan Santan
- 6 auns Udang Masak
- 5 auns Bunga Brokoli
- 3 sudu besar Cilantro, dicincang
- 2 sudu besar Minyak Kelapa
- 1 sudu besar Kicap
- Jus ½ limau nipis
- 1 bawang besar sederhana, dicincang
- 1 sudu kecil Bawang Putih Panggang Ditumbuk
- 1 sudu kecil Halia Kisar
- 1 sudu kecil Sos Ikan
- ½ sudu teh Kunyit
- ½ cawan Krim Masam

ARAHAN:

a) Cairkan minyak kelapa dalam periuk .

b) Masukkan kunyit, pes kari hijau, bawang putih, halia, dan bawang besar diikuti dengan sos ikan dan kicap .

c) Masak selama dua minit .

d) Masukkan santan dan pati sayur dan gaul rata.

e) Reneh selama beberapa minit.

f) Setelah kari agak pekat, masukkan bunga brokoli dan daun ketumbar dan gaul rata.

g) Masukkan jus limau nipis dan udang ke dalam kari setelah anda berpuas hati dengan konsistensinya. Kacau semuanya.

h) Masak dengan api perlahan selama beberapa minit.

i) Perasakan dengan garam dan lada sulah jika perlu.

58.Brokoli Keju Soup

BAHAN-BAHAN:

- 10 auns pkg. Brokoli beku
- 2 cawan susu
- ⅓ Cawan tepung
- 1 cawan air
- 2 Cawan keju Velveeta dipotong kiub
- 1 cawan separuh dan separuh
- 2 kiub bouillon ayam

ARAHAN:

a) Satukan susu, tepung, air, kiub bouillon ayam dan setengah setengah dalam hidangan yang selamat dari gelombang mikro.

b) Pukul bersama. Masukkan brokoli dan masak dalam ketuhar gelombang mikro selama beberapa minit kacau selalu.

c) Kacau keju dan masak sehingga keju cair dan brokoli lembut.

59.Brokoli Cheddar Mac dan Sup Keju

BAHAN-BAHAN:

- 1 kotak mac dan keju
- ½ cawan brokoli masak cincang
- 2 cawan susu
- 2 cawan air rebusan ayam
- 2 cawan keju cheddar yang dicincang

ARAHAN:

a) Masak mac dan keju mengikut arahan pada kotak.

b) Dalam periuk besar, gabungkan mac dan keju yang telah dimasak, brokoli masak yang dicincang, susu dan sup ayam.

c) Panaskan dengan api sederhana, kacau sekali-sekala, sehingga panas.

d) Masukkan keju cheddar yang dicincang dan kacau sehingga cair dan sebati.

60. Timun, Bayam, dan Sup Brokoli

BAHAN-BAHAN:

- 1 genggam bayam
- 1 kepala brokoli
- 1 timun
- 1 jari halia
- 1 genggam mikrohijau roket
- Jus ½ limau
- ½ buah alpukat
- 1 ulas bawang putih
- 1 cawan stok sayur

ARAHAN:

a) Masak brokoli selama 8-10 minit dalam pengukus.
b) Satukan avokado dan stok sayur dalam pengisar.
c) Masukkan timun, bayam, mikrohijau roket, bawang putih, dan halia.
d) Akhir sekali, campurkan brokoli.

61.Spam Sup Nasi Brokoli

BAHAN-BAHAN:

- 1 (12 auns) tin Spam, dipotong dadu
- 2 sudu besar mentega
- 1 bawang kecil, dicincang halus
- 2 ulas bawang putih, dikisar
- ¼ cawan tepung serba guna
- 4 cawan air rebusan ayam atau sayur
- 1 cawan nasi putih masak
- 2 cawan kuntum brokoli dicincang
- 1 cawan susu
- 1 cawan keju cheddar yang dicincang
- Garam dan lada sulah secukup rasa

ARAHAN:

a) Dalam periuk besar, cairkan mentega dengan api sederhana.

b) Masukkan Spam yang telah dipotong dadu dan tumis hingga keperangan. Keluarkan Spam dari periuk dan ketepikan.

c) Dalam periuk yang sama, masukkan bawang cincang halus dan tumis hingga lut sinar.

d) Masukkan bawang putih kisar dan masak selama satu minit lagi sehingga naik bau.

e) Taburkan tepung serba guna di atas bawang dan bawang putih, kacau sentiasa untuk membentuk roux.

f) Tuangkan air rebusan ayam atau sayur secara beransur-ansur, kacau sentiasa untuk mengelakkan ketulan.

g) Masukkan nasi putih dan brokoli yang telah dicincang ke dalam periuk. Bawa adunan hingga mendidih dan biarkan ia masak selama kira-kira 10-15 minit, atau sehingga brokoli empuk.

h) Masukkan susu dan keju cheddar yang dicincang, biarkan ia cair ke dalam sup.

i) Perasakan Sup Nasi Brokoli Spam dengan garam dan lada sulah secukup rasa.

j) Sendukkan sup ke dalam mangkuk dan sajikan sebagai hidangan berkrim dan menyelerakan!

62.Brokoli Dan Sup Stilton

BAHAN-BAHAN:

- 1 kentang sederhana, dipotong dadu
- 1 biji bawang, dicincang halus
- 1 liter garam rendah atau stok ayam atau sayur buatan sendiri
- 1 daun bawang, dihiris
- 1 tombol mentega
- 140g stilton, atau keju biru lain, hancur
- 2 sudu besar minyak rapeseed
- 1 kepala brokoli, cincang kasar
- 1 batang saderi, dihiris

ARAHAN:

a) Dalam periuk besar, panaskan 2 sudu besar minyak biji sesawi dan masukkan bawang besar.

b) Masak hingga empuk dengan api sederhana.

c) Masukkan saderi, daun bawang, kentang, dan tombol mentega.

d) Tutup dengan tudung dan biarkan selama 5 minit berpeluh sebelum menanggalkan tudung.

e) Masukkan 1 liter stok ayam atau sayur dan potongan tangkai brokoli.

f) Masak selama 10-15 minit, atau sehingga sayur-sayuran empuk.

g) Masak selama 5 minit lagi selepas menambah baki brokoli yang dicincang kasar.

h) Pindahkan ke dalam pengisar dan kisar sehingga rata.

i) Masukkan 140g stilton hancur, tinggalkan beberapa ketul.

j) Hidangkan bersama lada hitam secukup rasa.

63.Sup Brokoli Mikrohijau dengan Feta

BAHAN-BAHAN:

- 1 biji bawang kuning, dihiris menjadi kepingan
- 1 cawan kacang navy, dimasak atau dalam tin
- 4 cawan sup sayur
- 4 ulas bawang putih keseluruhan, dikupas
- 3 sudu besar biji bunga matahari panggang tanpa garam
- 1 sudu besar minyak biji anggur
- ¼ sudu teh garam
- 3 auns keju feta, dicincang
- Jus ½ limau
- ½ sudu kecil serbuk cili
- 2 cawan brokoli mikrohijau
- 1 kepala brokoli, dipotong dadu menjadi kuntum bunga
- 2 Sudu besar minyak zaitun extra-virgin

ARAHAN:

a) Panaskan ketuhar hingga 425°F .

b) Satukan brokoli, bawang besar, dan bawang putih dalam hidangan campuran dengan minyak dan garam.

c) Letakkan brokoli di atas loyang dan ratakan.

d) Panggang selama 25 minit , kacau secara berkala.

e) Dalam pengisar, rebus air rebusan, sayur-sayuran panggang, sayur-sayuran mikro, feta, kacang, jus limau dan serbuk cili sehingga licin sepenuhnya.

f) Panaskan sup dalam periuk .

g) Hidangkan dihiasi dengan lebih banyak sayur-sayuran mikro, feta, biji bunga matahari dan sedikit minyak .

64.Sup Cheddar Brokoli Berkrim

BAHAN-BAHAN:

- 4 cawan kuntum brokoli
- 1 biji bawang besar, potong dadu
- 2 lobak merah, dikupas dan dihiris
- 2 ulas bawang putih, dikisar
- 4 cawan sup sayur atau ayam
- 2 cawan keju cheddar yang dicincang
- 1 cawan krim berat
- 3 sudu besar mentega
- Garam dan lada sulah secukup rasa
- Pilihan: Pala untuk hiasan

ARAHAN:

a) Dalam periuk besar, cairkan mentega dengan api sederhana. Masukkan bawang besar dan bawang putih, masak hingga layu.
b) Masukkan lobak merah, brokoli, dan sup ke dalam periuk. Didihkan, kemudian kecilkan api dan renehkan sehingga sayur-sayuran empuk.
c) Gunakan pengisar rendaman untuk memurnikan sup sehingga halus.
d) Masukkan keju cheddar yang dicincang sehingga cair.
e) Tuangkan krim kental, kacau berterusan.
f) Perasakan dengan garam dan lada sulah secukup rasa.
g) Hiaskan dengan taburan buah pala jika mahu.

65.Brokoli panggang dan Sup Kentang

BAHAN-BAHAN:

- 4 cawan kuntum brokoli
- 2 biji kentang besar, kupas dan potong dadu
- 1 bawang, dicincang
- 3 ulas bawang putih, dikisar
- 4 cawan sup sayur atau ayam
- 2 sudu besar minyak zaitun
- 1 sudu teh thyme kering
- Garam dan lada sulah secukup rasa
- Yogurt Yunani atau krim masam untuk hidangan

ARAHAN:

a) Panaskan ketuhar hingga 400°F (200°C).
b) Toskan brokoli, kentang, bawang merah dan bawang putih dengan minyak zaitun, thyme, garam dan lada sulah. Panggang dalam ketuhar sehingga sayur-sayuran menjadi keemasan dan lembut.
c) Pindahkan sayur-sayuran panggang ke dalam periuk, masukkan sup, dan biarkan mendidih.
d) Gunakan pengisar rendaman untuk memurnikan sup sehingga halus.
e) Sesuaikan perasa mengikut keperluan.
f) Hidangkan dengan sedikit yogurt Yunani atau krim masam.

66.Brokoli Pedas dan Sup Lentil

BAHAN-BAHAN:

- 2 cawan kuntum brokoli
- 1 cawan lentil hijau atau coklat kering, dibilas
- 1 biji bawang besar, potong dadu
- 3 ulas bawang putih, dikisar
- 1 sudu teh jintan kisar
- 1/2 sudu teh paprika salai
- 1/4 sudu kecil lada cayenne (sesuaikan dengan rasa)
- 6 cawan sup sayur
- 2 sudu besar minyak zaitun
- Garam dan lada sulah secukup rasa
- Baji limau segar untuk dihidangkan

ARAHAN:

a) Dalam periuk besar, tumis bawang merah dan bawang putih dalam minyak zaitun sehingga lembut.

b) Masukkan lentil, jintan manis, paprika salai, dan lada cayenne. Kacau hingga sebati.

c) Tuangkan sup sayur-sayuran dan biarkan mendidih. Kecilkan api dan renehkan sehingga lentil lembut.

d) Masukkan brokoli dan teruskan mereneh sehingga brokoli masak tetapi masih bermaya.

e) Perasakan dengan garam dan lada sulah secukup rasa.

f) Hidangkan dengan perahan jus limau segar.

67.Sup Brokoli Kelapa Thai

BAHAN-BAHAN:

- 4 cawan kuntum brokoli
- 1 tin (14 oz) santan
- 1 bawang, dicincang
- 2 ulas bawang putih, dikisar
- 1 sudu besar karipap merah
- 4 cawan sup sayur
- 1 sudu besar kicap
- 1 sudu besar jus limau nipis
- Ketumbar segar untuk hiasan
- Pilihan: Cili merah dihiris untuk panas

ARAHAN:

a) Dalam periuk besar, tumis bawang besar dan bawang putih hingga layu. Masukkan pes kari merah dan kacau selama 1 minit.
b) Tuangkan sup sayur-sayuran dan biarkan mendidih.
c) Masukkan brokoli dan reneh hingga empuk.
d) Masukkan santan, kicap, dan air limau nipis.
e) Sesuaikan perasa ikut citarasa. Jika suka, masukkan hirisan cili merah untuk api tambahan.
f) Hiaskan dengan daun ketumbar segar sebelum dihidangkan.

68.Brokoli dan Sup Kacang Putih

BAHAN-BAHAN:

- 4 cawan kuntum brokoli
- 1 tin (15 oz) kacang putih, toskan dan bilas
- 1 bawang, dicincang
- 3 ulas bawang putih, dikisar
- 4 cawan sup sayur
- 2 sudu besar minyak zaitun
- 1 sudu teh thyme kering
- Garam dan lada sulah secukup rasa
- Keju Parmesan parut untuk hiasan

ARAHAN:

a) Dalam periuk besar, tumis bawang merah dan bawang putih dalam minyak zaitun sehingga lembut.
b) Masukkan brokoli, kacang putih, sup sayur-sayuran, dan thyme. Bawa hingga mendidih.
c) Masak sehingga brokoli empuk.
d) Gunakan pengisar rendaman untuk memurnikan sebahagian sup, meninggalkan beberapa ketul untuk tekstur.
e) Perasakan dengan garam dan lada sulah secukup rasa.
f) Hidangkan panas, dihiasi dengan keju Parmesan parut.

69.Brokoli dan Sup Quinoa

BAHAN-BAHAN:

- 4 cawan kuntum brokoli
- 1 cawan quinoa, dibilas
- 1 biji bawang besar, potong dadu
- 3 ulas bawang putih, dikisar
- 4 cawan sup sayur
- 2 sudu besar minyak zaitun
- 1 sudu teh kunyit kisar
- Garam dan lada sulah secukup rasa
- Pasli segar untuk hiasan

ARAHAN:

a) Dalam periuk besar, tumis bawang merah dan bawang putih dalam minyak zaitun sehingga lembut.

b) Masukkan quinoa, brokoli, sup sayur-sayuran, dan kunyit kisar. Biarkan mendidih.

c) Kecilkan api dan renehkan sehingga quinoa masak dan brokoli empuk.

d) Perasakan dengan garam dan lada sulah secukup rasa.

e) Hiaskan dengan pasli segar sebelum dihidangkan.

70.Brokoli dan Sup Leek

BAHAN-BAHAN:

- 4 cawan kuntum brokoli
- 2 daun bawang, dihiris (bahagian putih dan hijau muda sahaja)
- 3 biji kentang, kupas dan potong dadu
- 3 cawan sup sayur
- 2 sudu besar mentega
- 1 cawan susu atau krim
- Pala, parut (pilihan)
- Garam dan lada sulah secukup rasa

ARAHAN:

a) Dalam periuk besar, tumis daun bawang dalam mentega sehingga lembut.

b) Masukkan kentang potong dadu, brokoli, dan sup sayur-sayuran. Bawa hingga mendidih.

c) Masak sehingga kentang empuk.

d) Gunakan pengisar rendaman untuk memurnikan sup sehingga halus.

e) Kacau dalam susu atau krim, dan perasakan dengan buah pala (jika menggunakan), garam dan lada sulah.

f) Reneh selama beberapa minit lagi dan hidangkan panas.

71.Sup Brokoli Bawang Putih Limau

BAHAN-BAHAN:

- 4 cawan kuntum brokoli
- 1 bawang, dicincang
- 4 cawan sup sayur
- 3 ulas bawang putih, dikisar
- Perahan dan jus 1 limau
- 2 sudu besar minyak zaitun
- 1/2 sudu teh thyme kering
- Garam dan lada sulah secukup rasa
- Dill segar untuk hiasan

ARAHAN:

a) Dalam periuk besar, tumis bawang merah dan bawang putih dalam minyak zaitun sehingga lembut.
b) Masukkan brokoli, sup sayur-sayuran, kulit limau, jus limau, dan thyme. Bawa hingga mendidih.
c) Masak sehingga brokoli empuk.
d) Gunakan pengisar rendaman untuk memurnikan sebahagian sup, meninggalkan beberapa ketul.
e) Perasakan dengan garam dan lada sulah secukup rasa.
f) Hiaskan dengan dill segar sebelum dihidangkan.

HIDANGAN SAMPINGAN

72.S bekerjasama dengan Brokoli

BAHAN-BAHAN:

- 1 paun brokoli
- 2 sudu besar kicap ringan
- 1 sudu besar wain beras atau sherry kering
- 1 sudu teh halia cincang
- 1 sudu besar bawang hijau dicincang halus, bahagian hijau sahaja
- ¼ sudu teh minyak bijan

ARAHAN:

a) Basuh brokoli dan toskan. Pecahkan bunga dan potong separuh. Potong lembing pada pepenjuru menjadi kepingan nipis. Kukus brokoli sehingga empuk.

b) Campurkan bahan-bahan lain dan tuangkan ke atas brokoli.

73.Broko li dengan Sos Tiram

BAHAN-BAHAN:

- 1 paun brokoli
- 2 sudu besar minyak untuk menumis
- 3 sudu kecil sos tiram
- ¼ cawan air
- 1 sudu teh tepung jagung
- 4 sudu teh air

ARAHAN:

a) Pecahkan bunga brokoli dan potong separuh. Potong lembing pada pepenjuru menjadi kepingan nipis.

b) Masukkan minyak ke dalam kuali atau kuali yang telah dipanaskan. Apabila minyak panas, masukkan brokoli, masukkan lembing dahulu dan kemudian bunga.

c) Masukkan sos tiram, dan ¼ cawan air. Tutup dan masak kira-kira 3 minit, atau sehingga brokoli bertukar menjadi hijau terang.

d) Campurkan tepung jagung dan air. Buka kuali, buat perigi di tengah, dan masukkan bancuhan tepung jagung/air, kacau cepat untuk pekat. Gaul sebati.

74.Lobak merah dan brokoli risotto

BAHAN-BAHAN:

- 5 cawan Stok sayuran natrium rendah; atau sup sayur
- 1 sudu besar Minyak zaitun
- 2 Wortel keseluruhan; potong dadu halus
- ½ cawan Bawang merah; dicincang
- 1 cawan Adas; dicincang halus
- 2 cawan nasi arborio
- ¼ cawan Wain putih kering
- 2 cawan Bunga brokoli
- 2 Wortel keseluruhan; parut
- 1 sudu besar jus limau segar
- 2 sudu teh kulit limau
- 2 sudu teh thyme segar; dicincang
- ½ sudu teh garam
- Lada hitam tanah segar; untuk rasa

ARAHAN:

a) Dalam periuk, masak sup sehingga mendidih. Perlahankan api untuk mereneh. Dalam periuk yang luas dan berdasar berat, panaskan minyak zaitun dengan api sederhana. Masukkan lobak merah dan bawang merah yang dipotong dadu dan masak sehingga bawang merah mula lembut kira-kira 6 minit.

b) Masukkan adas dan nasi dan masak, kacau sentiasa, sehingga nasi bersalut dengan baik, 1 hingga 2 minit. Tambah wain putih dan masak sehingga ia telah diserap.

c) Masukkan 1 cawan sup mendidih ke dalam periuk dan teruskan memasak, kacau sehingga stok hampir semua diserap. Teruskan menambah sup, ½ cawan pada satu masa, kacau dan masak sehingga kuah diserap dan nasi keluar dari sisi periuk sebelum setiap penambahan.

d) Teruskan sehingga semua kecuali 1& ½ cawan sup telah diserap, 15 - 20 minit.

e) Masukkan brokoli dan lobak merah parut dan teruskan memasak dan masukkan sup, ¼ cawan pada satu masa. Ini perlu mengambil masa 5 hingga 10 minit lagi.

f) Keluarkan dari haba, kacau dalam jus, zest, thyme, garam, dan lada, dan hidangkan segera.

75.C heesy Brokoli-Nasi Bunga Kobis

BAHAN-BAHAN:

- 1 beg nasi kembang kol
- 1 ulas bawang putih, dikisar
- 1 Sudu besar minyak zaitun
- Garam Pedas
- 1 bawang merah, dicincang
- Lada hitam retak segar
- ¼ sudu teh paprika salai
- 2 sudu besar sos barbeku, secukup rasa
- ¼ cawan keju cheddar
- ¼ cawan brokoli mikrohijau

ARAHAN:

a) Dalam kuali, panaskan minyak, bawang merah, dan bawang putih selama kira-kira 2 minit.

b) Letakkan nasi bunga kobis di atas.

c) Masukkan garam, lada sulah, paprika salai dan sos barbeku dan kacau hingga sebati .

d) Masukkan keju cheddar dan renehkan sehingga cair.

e) Perangkan keju sehingga ia berwarna perang keemasan dan menggelegak di atas dalam ketuhar.

f) Teratas dengan sayuran mikro brokoli dan secubit garam pedas.

76.gelombang mikro Murahan Brokoli

BAHAN-BAHAN:

- 2 cawan kuntum brokoli
- 1/4 cawan keju cheddar yang dicincang
- Garam dan lada sulah secukup rasa

ARAHAN:

a) Letakkan kuntum brokoli dalam hidangan yang selamat dari gelombang mikro.
b) Tambah satu sudu air ke dalam hidangan untuk menghasilkan wap.
c) Tutup pinggan mangkuk dengan penutup selamat gelombang mikro atau bungkus plastik selamat gelombang mikro, biarkan lubang kecil.
d) Ketuhar gelombang mikro di atas api selama 3-4 minit atau sehingga brokoli empuk tetapi masih sedikit garing.
e) Keluarkan hidangan dari ketuhar gelombang mikro dengan berhati-hati dan toskan sebarang air yang berlebihan.
f) Taburkan keju cheddar yang dicincang ke atas brokoli.
g) Perasakan dengan garam dan lada sulah secukup rasa.
h) Ketuhar gelombang mikro selama 30 saat hingga 1 minit tambahan, atau sehingga keju cair dan berbuih.
i) Keluarkan dari ketuhar gelombang mikro dan biarkan ia sejuk selama satu atau dua minit sebelum dihidangkan.
j) Hidangkan panas-panas sebagai ulam yang lazat dan murahan.

77.Brokoli Guacamole

BAHAN-BAHAN:

- 1 cawan edamame bercengkerang
- 1 cawan kuntum brokoli
- Perahan 1 biji limau nipis dan jus 2 biji limau nipis
- 2 biji tomato Roma, potong dadu
- ½ biji bawang merah kecil, kupas dan potong dadu kecil
- ¼ cawan ketumbar dicincang halus
- 1 ulas bawang putih, dikupas dan dikisar (kira-kira 1 sudu teh)
- Garam secukup rasa
- 1 secubit lada cayenne, atau secukup rasa

ARAHAN:

a) Letakkan edamame dalam periuk sederhana dan tambah air untuk menutup. Didihkan dan masak selama 5 minit. Toskan dan bilas edamame sehingga sejuk.

b) Kukus brokoli dalam dandang berganda atau bakul pengukus selama kira-kira 8 minit, atau sehingga sangat lembut. Toskan dan bilas brokoli sehingga sejuk.

c) Masukkan edamame dan brokoli ke dalam pemproses makanan dan puri sehingga licin dan berkrim. Tambah air jika perlu untuk mencapai tekstur berkrim. Masukkan adunan puri ke dalam mangkuk dan masukkan kulit limau dan jus, tomato, bawang merah, ketumbar, bawang putih, garam, dan cayenne. Gaul rata dan sejukkan sehingga sedia untuk dihidangkan.

78.Seitan dan Brokoli-Shiitake Tumis

BAHAN-BAHAN:

- 2 sudu besar minyak canola atau grapeseed
- 10 auns seitan, buatan sendiri atau dibeli di kedai, dipotong menjadi kepingan 1⁄4 inci
- 3 ulas bawang putih, dikisar
- 2 sudu teh halia segar parut
- 3 biji bawang hijau, dikisar
- 1 tandan sederhana brokoli, potong bunga 1 inci
- 3 sudu besar kicap
- 2 sudu besar sherry kering
- 1 sudu teh minyak bijan panggang
- 1 sudu besar bijan bakar

ARAHAN:

a) Dalam kuali besar, panaskan 1 sudu besar minyak di atas api sederhana tinggi. Masukkan seitan dan masak, kacau sekali-sekala sehingga perang sedikit, kira-kira 3 minit. Pindahkan seitan ke dalam mangkuk dan ketepikan.

b) Dalam kuali yang sama, panaskan baki 1 sudu besar minyak di atas api sederhana tinggi. Masukkan cendawan dan masak, kacau kerap, sehingga perang, kira-kira 3 minit. Masukkan bawang putih, halia, dan bawang hijau dan masak 30 saat lebih lama. Masukkan bancuhan cendawan ke dalam seitan yang telah dimasak dan ketepikan.

c) Masukkan brokoli dan air ke dalam kuali yang sama. Tutup dan masak sehingga brokoli mula bertukar hijau terang, kira-kira 3 minit. Buka tutup dan masak, kacau kerap, sehingga cecair menyejat dan brokoli menjadi garing-lembut, kira-kira 3 minit lebih lama.

d) Kembalikan adunan seitan dan cendawan ke dalam kuali. Masukkan kicap dan sherry dan tumis sehingga seitan dan sayur panas, kira-kira 3 minit. Taburkan dengan minyak bijan dan bijan dan hidangkan segera.

79.Brokoli dan Kacang Putih dengan Kentang

BAHAN-BAHAN:

- 11⁄2 paun kentang fingerling
- 4 cawan kuntum brokoli
- 3 sudu besar minyak zaitun
- 3 ulas bawang putih, dikisar
- ¾ cawan kepingan walnut yang dicincang
- 1⁄4 sudu teh lada merah ditumbuk
- 11⁄2 cawan atau 1 (15.5 auns) kacang putih tin, toskan dan bilas
- 1 sudu teh gurih kering
- Garam dan lada hitam yang baru dikisar
- 1 sudu besar jus limau segar

ARAHAN:

a) Kukus kentang sehingga empuk, kira-kira 20 minit. Mengetepikan.

b) Kukus brokoli sehingga garing-lembut, kira-kira 7 minit. Mengetepikan.

c) Dalam kuali besar, panaskan 2 sudu besar minyak di atas api sederhana. Masukkan bawang putih, walnut, dan lada merah yang ditumbuk. Masak sehingga bawang putih lembut, kira-kira 1 minit.

d) Masukkan kentang dan brokoli yang telah dikukus. Masukkan kacang dan pedas dan perasakan dengan garam dan lada hitam secukup rasa. Masak sehingga dipanaskan, kira-kira 5 minit. Taburkan dengan jus limau dan renjiskan dengan baki 1 sudu minyak zaitun. Hidangkan segera.

80.Tumis Brokoli dengan Tauhu Feta

BAHAN-BAHAN:

- 4 cawan kuntum brokoli
- 2 sudu besar minyak zaitun
- 1 lada benggala merah sederhana, dicincang kasar
- 2 ulas bawang putih, hiris nipis
- 2 biji bawang hijau, dikisar
- 2 sudu besar caper
- 2 sudu besar pasli daun rata segar yang dicincang kasar
- 2 sudu teh marjoram segar yang dicincang halus atau 1 sudu teh kering
- 1 sudu besar jus limau segar
- Garam dan lada hitam yang baru dikisar
- Tauhu Feta

ARAHAN:

a) Kukus brokoli sehingga hijau terang, kira-kira 5 minit. Dalam kuali besar, panaskan minyak dengan api sederhana. Masukkan brokoli dan masak, kacau, sehingga lembut, kira-kira 5 minit.

b) Masukkan lada benggala, bawang putih, dan bawang hijau, dan masak, kacau, sehingga lembut, kira-kira 3 minit.

c) Masukkan caper, pasli, marjoram, jus limau, dan garam dan lada hitam secukup rasa. Masak, kacau, untuk panas

d) Pindahkan ke mangkuk hidangan cetek dan taburkan dengan tofu feta. Hidangkan segera.

81.Rabe Brokoli Tumis Pedas

BAHAN-BAHAN:

- 1 tandan sederhana brokoli rabe (rapini), batang yang keras dibuang
- 2 sudu besar minyak zaitun
- 2 ulas bawang putih, dikisar
- 1⁄2 sudu kecil lada merah ditumbuk
- Garam dan lada hitam yang baru dikisar

ARAHAN:

a) Dalam periuk air masin mendidih, masak rabe brokoli sehingga lembut, kira-kira 5 minit. Toskan dan tuangkan di bawah air sejuk, kemudian cincang kasar. Mengetepikan.

b) Dalam kuali besar, panaskan minyak dengan api sederhana. Masukkan bawang putih dan masak selama 30 saat. Masukkan rabe dan lada merah yang telah dihancurkan.

c) Perasakan dengan garam dan lada hitam secukup rasa dan masak, kacau, sehingga dipanaskan, kira-kira 3 minit.

d) Hidangkan segera.

82.Kacang Putih Tuscan Dan Rabe Brokoli

BAHAN-BAHAN:

- 1 tandan sederhana brokoli rabe (rapini), batang yang keras dibuang
- 2 sudu besar minyak zaitun
- 2 ulas bawang putih, dikisar
- 3 cawan yang dimasak atau 2 (15.5 auns) tin kacang cannellini atau kacang putih lain, toskan dan bilas
- 1 sudu teh rosemary segar cincang
- Garam dan lada hitam yang baru dikisar

ARAHAN:

a) Dalam periuk air masin mendidih, masak rabe brokoli sehingga lembut, kira-kira 5 minit. Toskan dan tuangkan di bawah air sejuk, kemudian cincang kasar. Mengetepikan.

b) Dalam kuali besar, panaskan minyak dengan api sederhana. Masukkan bawang putih dan masak selama 30 saat. Masukkan kacang dan rosemary, kemudian masukkan brokoli rabe yang telah dimasak dan perasakan dengan garam dan lada sulah secukup rasa.

c) Masak, kacau, sehingga rasa sebati dan adunan panas, kira-kira 10 minit. Hidangkan segera.

SALAD

83.Salad Brokoli, Bit dan Adas

BAHAN-BAHAN:

- 3 cawan sayur-sayuran cincang
- ¼ mentol adas, dihiris nipis
- ½ cawan kuntum brokoli masak cincang
- ½ cawan bit cincang
- 1 hingga 2 sudu besar minyak zaitun dara tambahan
- Jus ½ limau

ARAHAN:

a) Dalam mangkuk besar, campurkan sayur-sayuran, adas, brokoli, dan bit.

b) Toskan dengan minyak zaitun dan jus limau.

84.Salad Keju Amerika dan Brokoli

BAHAN-BAHAN:

- 4 cawan kuntum brokoli yang dicincang
- ¼ cawan bawang merah potong dadu
- ½ cawan mayonis
- ¼ cawan krim masam
- 1 sudu besar cuka sari apel
- 1 sudu besar madu
- ½ sudu teh serbuk bawang putih
- ½ cawan keju Amerika yang dicincang
- Garam dan lada sulah secukup rasa

ARAHAN:

a) Dalam mangkuk adunan yang besar, satukan bunga brokoli yang dicincang dan bawang merah yang dipotong dadu.

b) Dalam mangkuk yang berasingan, pukul bersama mayonis, krim masam, cuka sari apel, madu dan serbuk bawang putih.

c) Tuangkan dressing ke atas bancuhan brokoli dan toskan hingga berbalut.

d) Taburkan keju Amerika yang dicincang di atas salad.

e) Perasakan salad dengan garam dan lada sulah secukup rasa.

85.Mangga , Brokoli & Strawberi

BAHAN-BAHAN:

- 1 mangga, dibelah empat
- 4 strawberi, dibelah dua
- 1 cawan mikrohijau brokoli segar
- 3 biji zaitun hijau

PERSALINAN

- 1 Sudu besar wain ceri
- 1 sudu teh air garam limau
- Sedikit garam saderi

ARAHAN:

a) Letakkan mikrohijau brokoli, strawberi, mangga dan buah zaitun di atas pinggan hidangan.

b) Satukan bahan-bahan pembalut dalam mangkuk dan gerimis di atas salad.

86.Salad Bacon Brokoli

BAHAN-BAHAN:

- 2 tandan brokoli segar
- 1 cawan Miracle Whip
- 1 lb bacon, masak garing dan hancur
- 2 sudu besar cuka sari apel
- 2 cawan keju cheddar yang dicincang
- 1/2 cawan gula
- 1 biji bawang merah, hiris nipis

ARAHAN:

a) Potong brokoli menjadi kepingan bersaiz gigitan. Masukkan ke dalam periuk besar yang berisi air mendidih. Masak selama satu minit, hanya untuk menjadikan brokoli menjadi hijau terang. Toskan air mendidih dan tuangkan air sejuk ke atas brokoli sehingga sejuk.

b) Toskan dengan teliti. Dalam mangkuk, campurkan brokoli, bacon, keju dan bawang bersama-sama. Dalam mangkuk lain, campurkan Miracle Whip, cuka dan gula.

c) Gaulkan dengan bancuhan brokoli dan sejukkan.

87. Brokoli dengan Badam

BAHAN-BAHAN:

- 1 paun brokoli, potong bunga kecil
- 2 sudu besar minyak zaitun
- 3 ulas bawang putih, dikisar
- 1 cawan cendawan putih yang dihiris nipis
- 1/4 cawan wain putih kering
- 2 sudu besar pasli segar cincang
- Garam dan lada hitam yang baru dikisar

ARAHAN:

a) Kukus brokoli sehingga empuk, lebih kurang 5 minit. Jalankan di bawah air sejuk dan ketepikan.

b) Dalam kuali besar, panaskan 1 sudu besar minyak di atas api sederhana. Masukkan bawang putih dan cendawan dan masak sehingga lembut, kira-kira 5 minit. Tambah wain dan masak 1 minit lebih lama.

c) Masukkan brokoli kukus dan pasli dan perasakan dengan garam dan lada sulah secukup rasa. Masak sehingga cecair sejat dan brokoli panas, kira-kira 3 minit.

d) Pindahkan ke dalam mangkuk hidangan, renjiskan dengan baki 1 sudu besar minyak dan badam, dan toskan hingga rata. Hidangkan segera.

88.Brokoli dengan Kacang Hitam Dan Kacang Walnut

BAHAN-BAHAN:

- 4 cawan bunga brokoli kecil
- 2 sudu besar minyak zaitun
- 2 ulas bawang putih, dikisar
- 2 bawang hijau, dicincang
- 1 cawan kacang hitam yang dimasak atau dalam tin, toskan dan bilas
- 2 sudu besar pasli segar yang dicincang
- Garam dan lada hitam yang baru dikisar

ARAHAN:

a) Kukus sedikit brokoli sehingga hijau terang, kira-kira 5 minit.

b) Dalam kuali besar, panaskan minyak dengan api sederhana. Masukkan brokoli dan masak, kacau, sehingga lembut, 5 hingga 7 minit.

c) Masukkan bawang putih dan bawang hijau dan masak 1 hingga 2 minit lebih lama.

d) Masukkan kacang hitam, walnut, pasli, dan garam dan lada sulah secukup rasa. Masak, kacau, selama satu atau dua minit lagi atau sehingga panas.

e) Hidangkan segera.

89.Spam Brokoli Pecan Salad

BAHAN-BAHAN:

- 1 (12 auns) tin Spam, dipotong dadu
- 2 cawan kuntum brokoli yang dimasak dan disejukkan
- 1 cawan pecan panggang yang dicincang
- ½ cawan bawang merah potong dadu
- ½ cawan cranberi kering atau kismis
- ¼ cawan mayonis
- 2 sudu besar cuka epal
- 1 sudu besar madu
- Garam dan lada sulah secukup rasa

ARAHAN:

a) Dalam kuali, tumis Spam yang telah dipotong dadu sehingga keperangan sedikit.

b) Dalam mangkuk besar, gabungkan Spam tumis, kuntum brokoli yang telah dimasak dan disejukkan, pecan panggang yang dicincang, bawang merah yang dipotong dadu dan cranberi atau kismis kering.

c) Dalam mangkuk yang berasingan, pukul bersama mayonis, cuka sari apel, madu, garam dan lada sulah.

d) Tuangkan pembalut ke atas campuran Spam dan brokoli dan toskan perlahan-lahan untuk menyalut semuanya dengan sekata.

e) Perasakan Spam Brokoli Pecan Salad dengan tambahan garam dan lada sulah secukup rasa.

f) Tutup dan sejukkan salad selama sekurang-kurangnya 30 minit sebelum dihidangkan untuk membolehkan rasa sebati.

g) Hidangkan salad sebagai ulam yang enak dan rangup atau hidangan ringan dan berkhasiat!

90.Salad Mac dan Keju dengan Brokoli dan Bacon

BAHAN-BAHAN:

- 1 kotak mac dan keju
- 1 cawan brokoli masak cincang
- ½ cawan daging masak dan hancur
- ¼ cawan bawang hijau dicincang
- ¼ cawan mayonis
- 1 sudu besar mustard Dijon

ARAHAN:

a) Masak mac dan keju mengikut arahan pada kotak. Biarkan sejuk.

b) Dalam mangkuk yang berasingan, campurkan mayonis dan mustard Dijon. Masukkan brokoli masak yang dicincang, bacon yang dimasak dan hancur, dan bawang hijau yang dicincang ke dalam mac dan keju yang telah disejukkan.

c) Tuang adunan mayonis ke atas dan kacau sehingga semuanya bersalut rata.

91.Salad Mikrohijau Brokoli dengan Limau Hummus

BAHAN-BAHAN:

- 1 cawan brokoli mikrohijau
- 1 Sudu besar biji bunga matahari masin
- ¼ alpukat, dihiris
- 2 Sudu besar vinaigrette buatan sendiri
- 2 Sudu Besar Limau Hummus
- ½ cawan kimkraut

ARAHAN:

a) Toskan sayur hijau mikro dengan kimkraut, hirisan alpukat dan biji bunga matahari di atas pinggan besar.

b) Toskan dengan hummus dan dressing, kemudian perasakan dengan lada yang baru retak.

92.Salad Brokoli Quinoa Vegan

BAHAN-BAHAN:

- ½ cawan quinoa, dibilas dan dimasak
- 1 kepala brokoli, dipetik dari batang dan potong seukuran gigitan
- 1 cawan kobis merah yang dicincang
- ¼ sudu teh garam
- ½ lobak merah, dikupas dan dicincang
- ½ timun, dicincang
- ½ cawan edamame beku, dicairkan
- 3 bawang hijau, dicincang
- 1 sudu besar minyak bijan
- ½ sudu besar kicap
- 2 sudu besar basil cincang
- 2 sudu besar gula
- 1 sudu besar minyak sayuran
- 1 sudu besar halia parut
- secubit kepingan lada merah
- ½ cawan kacang tanah, dicincang
- 1 sudu besar jus limau nipis
- ¼ cawan ketumbar cincang

ARAHAN:

a) Panaskan penggoreng udara mengikut arahan pengilang.

b) Letakkan brokoli, dalam kelompok, dalam bakul penggoreng udara.

c) Masak pada 400°F selama 7 minit atau sehingga perang keemasan.

d) Dalam mangkuk, gaulkan quinoa yang telah dimasak, brokoli goreng udara dan bahan-bahan lain.

93.Salad Bacon dan Brokoli Turki

BAHAN-BAHAN:

- 3 keping daging ayam belanda
- 1/2 cawan kuntum bunga kobis
- 1/2 cawan tomato ceri dibelah dua
- 1/2 cawan hirisan badam
- 1/2 lada benggala hijau, dihiris dalam bentuk cincin
- 2 cawan kuntum brokoli
- Mayonis badam

ARAHAN:

a) Masak daging ayam belanda mengikut arahan pakej, kemudian toskan pada tuala kertas.

b) Dalam mangkuk adunan yang besar, satukan brokoli, kembang kol, tomato dan badam; kacau dengan 1/2 cawan mayonis Almond.

c) Hiaskan dengan bacon dan cincin lada hijau dan sajikan sejuk.

94. Nasi Liar, Brokoli & Salad Tomato

BAHAN-BAHAN:

- Minyak zaitun/avokado/minyak rami
- 2 lada, dihiris
- Segenggam taugeh
- 4 kuntum brokoli
- 1 biji limau nipis
- 2 hidangan nasi liar
- Segenggam kobis
- 6 biji tomato mini, dibelah dua

ARAHAN:

a) Masak nasi liar mengikut arahan pakej, dan rebus brokoli dan kubis.
b) Hidangkan tomato dan lada di atas nasi bersama brokoli dan taugeh.
c) Hidangkan dengan sedikit minyak zaitun atau jus limau/limau.
d) Untuk dengan daun bayam yang dicincang.

MINUMAN

95.Smoothie Epal Brokoli

BAHAN-BAHAN:

- 1 buah epal
- 1 cawan Brokoli
- 1 sudu besar Cilantro
- 1 tangkai saderi
- 1 cawan ais hancur
- 1 sudu besar Rumpai Laut ditumbuk

ARAHAN:

a) Satukan dalam pengisar .

b) Hidang .

96.Chard Dan Brokoli

BAHAN-BAHAN:

- 1 kepala brokoli bersaiz kecil, dipecahkan menjadi kuntum
- 1 kobis merah kepala bersaiz kecil
- ½ sudu teh serbuk Maca
- 3 helai daun Swiss chard yang besar, dikoyakkan

ARAHAN:

a) Proseskan kubis dan brokoli melalui pemerah jus.
b) Masukkan bahan-bahan lain ke dalam pemerah jus anda.
c) Satukan jus dengan teliti. Akhir sekali, hidangkan jus di atas ais hancur jika anda mahu.

97.Rumah Kuasa Hijau

BAHAN-BAHAN:

- 90 gram pucuk bunga matahari mikrohijau
- 20 gram brokoli mikrohijau
- 170 gram pisang beku , dicincang
- 2 Sudu besar lobak merah parut
- ½ sudu besar biji chia ⍰
- ½ sudu besar biji rami
- 3 I ce kiub
- L jus emon, secukup rasa
- ½ cawan air

ARAHAN:

a) Susun bahan mengikut susunan yang disenaraikan.
b) Masukkan sedikit air.

98.Brokoli Leeks Smoothie timun

BAHAN-BAHAN:

- 1 cawan Brokoli
- 2 sudu besar mentega gajus
- 2 daun bawang
- 2 biji timun
- 1 Limau nipis
- ½ cawan salad
- ½ cawan Daun Selada
- 1 Sudu Besar Matcha
- 1 cawan ais hancur

ARAHAN:

a) Satukan dalam pengisar.

b) Hidang.

99.Brokoli Citrus Mocktail

BAHAN-BAHAN:

- 1 cawan kuntum brokoli, dicelur dan disejukkan
- 1 oren, dikupas dan dipotong-potong
- 1 biji limau purut, kupas dan belah
- 1 sudu besar sirap agave atau madu
- Air berkilau
- Daun pudina untuk hiasan
- kiub ais

ARAHAN:

a) Dalam pengisar, satukan brokoli yang dicelur, bahagian oren, bahagian limau dan sirap agave.
b) Kisar hingga sebati.
c) Isikan segelas dengan kiub ais dan tuangkan campuran sitrus brokoli ke atas ais.
d) Teratas dengan air berkilauan.
e) Hiaskan dengan daun pudina segar.
f) Kacau perlahan-lahan dan nikmati mocktail citrus brokoli yang unik dan menyegarkan ini.

100. Brokoli Dinfus Gin Martini

BAHAN-BAHAN:

- 2 oz gin yang diselitkan brokoli
- 1/2 oz vermouth kering
- kiub ais
- Limau twist untuk hiasan

GIN yang DIINFUSKAN BROKOL:

- 1 cawan kuntum brokoli
- 1 botol (750 ml) gin

ARAHAN:

GIN yang DIINFUSKAN BROKOL:

a) Didihkan periuk air. Masukkan bunga brokoli dan rebus selama kira-kira 2 minit. Pindahkan brokoli dengan cepat ke dalam tab mandi ais untuk menyejukkan.

b) Dalam balang atau botol yang bersih dan kedap udara, gabungkan kuntum brokoli yang telah diputihkan dengan gin. Tutup bekas dan biarkan ia meresap selama sekurang-kurangnya 24 jam, atau sehingga rasa yang diingini dicapai. Tapis brokoli, dan gin yang diselitkan brokoli anda sudah siap.

BROKOLI MARTINI:

c) Sejukkan segelas martini di dalam peti sejuk atau dengan mengisinya dengan air ais.

d) Dalam gelas adunan yang diisi dengan ais, gabungkan gin yang diselitkan brokoli dan vermouth kering. Kacau rata selama kira-kira 20-30 saat untuk menyejukkan campuran.

e) Buang ais dari gelas martini dan tapis koktel ke dalam gelas.

f) Sapukan minyak daripada pintalan limau ke atas minuman dengan memegangnya di atas gelas dan beri sentuhan. Letakkan twist ke dalam koktel atau buang mengikut pilihan anda.

KESIMPULAN

Apabila bab terakhir "Kisah Cinta Brokoli Epik" diakhiri dengan anggun, kami berharap dapur anda telah diubah menjadi syurga cinta yang diilhamkan oleh brokoli dan kreativiti masakan. Buku masakan ini bukan sekadar panduan; ia adalah perayaan percintaan masakan yang terungkap apabila brokoli mendapat perhatian.

Sambil anda menikmati suapan terakhir ciptaan yang diselitkan brokoli ini, ingatlah bahawa dapur anda telah menyaksikan kisah cinta yang epik—cerita yang melangkaui halaman buku ini dan ke dalam nadi usaha kulinari anda. "Kisah Cinta Brokoli Epik" adalah lebih daripada koleksi resipi; ia adalah jemputan untuk menerima keindahan dan kepelbagaian brokoli, menjadikan setiap hidangan menjadi satu bab yang menggembirakan dalam kisah perisa, kesihatan dan keseronokan masakan.

Sehingga kita bertemu lagi dalam pengembaraan masakan anda yang seterusnya, semoga kecintaan anda terhadap brokoli terus berkembang, dan semoga dapur anda selama-lamanya dipenuhi dengan aroma yang menyelerakan dari ciptaan lazat yang diilhamkan oleh cinta. Selamat memasak!

www.ingramcontent.com/pod-product-compliance
Lightning Source LLC
LaVergne TN
LVHW010922061026
849535LV00007B/2180
* 9 7 8 1 8 3 5 9 3 4 6 1 6 *